COLECCIÓN
Centinela

JAVIER TAPIA

IKIGAI:
LAS CLAVES DE LA FELICIDAD

Diseño de cubierta y maquetación: Saul Rojas Blonval

Edita: Plutón Ediciones X, s. l.,

E-mail: contacto@plutonediciones.com
http://www.plutonediciones.com

I.S.B.N: 979-13-87952-44-0
Depósito Legal: B-3680-2026

Impreso en España / Printed in Spain

Prólogo
¿Tiene sentido la existencia?

No hay un sentido final
en el acto de vivir,
el sentido es devenir,
amar, comer, caminar,
pasear, experimentar,
y sobre todo, sentir,
pues siempre será más feliz
quien no busca la felicidad.
Taro Tamura

Debo buena parte de este libro a Taro Tamura, Ángel, Héctor Rubén Arreguin Tapia, Hiroshi Shiro, Insik Yoon y al seminario sobre Japón en la Universidad de Barcelona impartido por el Doctor Jesús de Miguel y, muy especialmente, al pueblo de la Isla Okinawa, donde se supone que nació la sabia filosofía del ikigai hace más de mil trescientos años, o el arte de vivir plenamente con sentido, independientemente de lo que pase alrededor o en el mundo entero.

El ikigai nos dice que cada persona, cada ser vivo y hasta cada piedra tiene un sentido existencial en sí mismo que se comparte, inevitablemente, con los demás y con todo lo que nos rodea, desde las más lejanas estrellas, e incluso más allá, hasta con las personas que nos rodean y los virus, hongos y bacterias que llevamos dentro, y, por supuesto, con los átomos y partículas que nos dan forma física.

No hace falta buscar un sentido determinado o padecer una guerra con bombardeo atómico, como sucedió con Hiroshima y Nagasaki, o las cruentas batallas que sufrió Okinawa para darse cuenta de que muy a menudo el mundo real es poco amable, o se puede apreciar como algo agradable y duradero cuando no se ha sufrido ni experimentado una tragedia o un dolor extremo.

Vivir en la molicie y la abundancia de las sociedades desarrolladas no ayuda mucho a percatarse de que la vida tiene un sentido existencial y vital, y, si bien no se suelen experimentar grandes catástrofes dentro de ellas, sí hay dramas y hasta tragedias personales por sufrir un vacío existencial, una especie de sinsentido de ser y estar aquí y ahora en este mundo.

Para el ikigai la vida se vive día a día, hora a hora, minuto a minuto, segundo a segundo, y una vez vivida se termina, el cuerpo físico se pudre, se quema o desaparece, pero la existencia, propia y ajena, no se detiene.

El profesor de Miguel aseguraba que en Japón no hay sentido de trascendencia, entre otras cosas porque, a pesar de su occidentalización, sus religiones y propuestas tradicionales con respecto al espíritu, alma o lo que sea que nos pervive tras la muerte son escasas.

En la mitología japonesa, la muerte no ofrece un más allá redentor o trascendente, Amaterasu, la diosa sol, ni premia ni castiga a nadie tras la muerte, pues es en la vida donde cada persona se eleva o se hunde, se apaga o resplandece, como ella misma, que tuvo que pasar por el encierro en una cueva terrible para emerger como Señora de los Cielos de una forma vital y tangible, y no como una entidad inventada o muerta. El sol está vivo, y cumple con su sentido vital iluminando al mundo.

Amaterasu, Señora Sol de los Cielos

Los dioses previos creadores, Izanagi e Izanami, tampoco ofrecen trascendencia a los muertos, porque si bien van a los infiernos a donde se recluyó también a la Diosa Madre que parió a las Islas Niponas, los difuntos no dejan de existir y siguen cumpliendo con su sentido existencial desde el infierno mismo.

Eso sí, la limpieza física, mental y anímica es necesaria en todos los casos, pues de la suciedad que la persona lleve encima nacen todos los demonios habidos y por haber.

Cada baño de Izanagi crea nuevos universos, y cada baño físico, mental y anímico de los seres humanos da lugar a nuevas formas de vida y existencia, cada una de ellas con un propósito y un sentido.

Izanami e Izanagi, los dioses creadores

Nada es vano, nada sobra, simplemente se depura.

La naturaleza misma sigue los ciclos de vida y muerte, de suciedad y depuración, de cambios y renacimientos, siendo tan terrible como hermosa, porque en el simple hecho de comer se encuentra el hecho de matar, consumir y defecar.

Todo se mueve, todo cambia, todo se transforma, incluso los más elevados y bellos sentimientos, pero el ser, a pesar de todo, se mantiene y sigue en las más diversas variantes, siendo el mismo a pesar de ser siempre diferente.

"Eres quién eres a pesar de todos los vaivenes de los universos internos y externos", nos dice el ikigai, sin importar la identidad que asumas en cada plano, porque no puedes dejar de ser, por tanto, quizá sea preferible existir de una forma buena y agradable, que avocarse al sufrimiento.

Por supuesto, cada persona decide su rol en esta y en las otras vidas, tanto y de tal manera, que el sufrimiento puede darle cierto placer, pero ni siquiera el sufrimiento es permanente, también se agota, también se pierde, mientras que el ser permanece.

El mundo es muy diverso y ofrece todo tipo de opciones, tanto las que consideramos peores, como las que consideramos mejores, y hay todo tipo de clases socioeconómicas, oportunidades, accidentes, desviaciones, formaciones, culturas e ideas, unas que distraen, otras que enseñan, unas que adormecen y otras que despiertan, y el ser puede elegir muchas de ellas o solo unas pocas, se encuentre en el plano que se encuentre, terrible o bondadoso, pero la elección, o las elecciones, depende del ser.

Es imposible abarcarlo todo en una sola o en miles de vidas.

Se elige el enfrentarse a la vida, de la misma forma que se elige enfrentarse a la muerte, nos dice la cultura japonesa en general, y el ikigai en particular: "A pesar de los pesares, tú decides".

La vida puede ser trágica y difícil, lo mismo que la muerte, pero cada quien decide cómo llevarla a cabo, de forma dramática o de forma consciente.

El harakiri, el suicidio de honor, sigue siendo habitual en Japón para depurar los errores de esta vida y acceder a un plano donde no se volverán a cometer, porque el ser continuará su camino y su sentido existencial más allá de la experiencia material y corporal presente, y hasta podrá regresar en verano a visitar a sus seres queridos terrestres.

En la cultura tradicional de Okinawa, como en muchas otras culturas, la muerte es del cuerpo y de sus acciones en este plano, pero el ser no muere, tanto, que los dioses no mueren, aunque sí pueden ser destruidos y olvidados y, sin embargo, su esencia permanece siempre.

Okinawa, la cuna del ikigai

"La esencia del ser es más que eterna, y, por tanto, debe cuidarse como una taza de la más fina y rica porcelana".

Cuida tu esencia, nos dice el ikigai, porque te acompañará para siempre vayas dónde vayas y estés dónde éstes, sin olvidar que esa esencia es preciosa y contribuye a la marcha del universo entero y de todas las esencias que hay en él, porque absolutamente nada ni nadie carece de sentido.

Sí, para el ikigai todos y cada uno de nosotros tenemos un sentido fundamental en este y en otros mundos, todos y cada uno de nosotros somos importantes y necesarios porque formamos parte esencial del Universo.

EL SENTIDO DE LA VIDA EN OCCIDENTE

Para la cultura oriental del ikigai, el sentido de la vida es cotidiano, día a día, personal y extensivo a todo lo que nos rodea, si bien es cierto que en épocas recientes y dependiendo de las traducciones e interpretaciones que se hacen sobre él, se le ha ido dotando de trascendentalidad, o de espiritualidad, que va más allá de lo cotidiano, o, en otras palabras, se ha occidentalizado.

En Japón, sobre todo en Okinawa, el ikigai es más antiguo que la escritura.

La escritura en Japón, descendiente de la escritura china, no aparece sino hasta el siglo XII de nuestra era, y su occidentalización o emulación a los valores y las culturas occidentales, hasta el siglo XIX.

Incluso el budismo es tardío, pues se fusionó con el sintoísmo autóctono sobre los siglos XIII y XIV, para formar el sintoísmo que se practica hoy en día.

El cristianismo, muy minoritario en tierras niponas, llegó en los siglos XVI y XVII vía la Compañía de Jesús, es decir, de los monjes jesuitas que se atrevieron a incursionar en un terreno casi prohibido, y si bien no logró sus propósitos, sí abrió la puerta del pensamiento occidental para los nipones.

Los jesuitas del siglo XVI en Japón

Fueron muy pocos los japoneses que creyeron en las enseñanzas cristianas, pero muy fanáticos, que, sin quererlo especialmente, repitieron las consignas platónicas y aristotélicas que les enseñaron los jesuitas y que impregnaban el catecismo. Se puede decir que incluso el estoicismo llegó hasta ellos de esa manera indirecta.

De esta manera, el pensamiento filosófico occidental fue haciendo mella en la forma de pensar y de ver el mundo en Japón, sobre todo al compartir ciertos puntos en común con la cultura japonesa en general, y con el ikigai en particular.

Curiosamente, desde sus inicios, el ikigai tenía puntos en común con el estoicismo en su manera de ver la vida en el acto de aceptación cotidiana, tanto de la dicha como del sufrimiento, y otros tantos con los socráticos, Platón y Aristóteles, en cuanto a la justicia y el comportamiento ideal del ser humano.

Sin embargo, Occidente ofrecía poco con respecto al honor y la dignidad personal de cada acto, y era demasiado doctrinario, especulativo y jerárquico, lo que contrastaba con el sentido vital nipón, y sigue contrastando en nuestros días, tanto que la gran mayoría de los japoneses se declara irreligiosa y poco afecta a dioses, santos, vírgenes y milagros, más allá del ateísmo, porque para esa gran mayoría la figura de un solo dios redentor, creador y vengador no tiene lugar ni sentido.

Lo que tiene sentido es el acto ikigai cotidiano, el que hace y realiza cada persona, y no el que pudiera mandar Amaterasu.

Por eso, Japón se identifica más con el pensamiento de Nietzsche, Albert Camus, Kafka, Kierkegaard, Sartre o George Bataille, donde el ser y su forma de estar en este mundo es lo importante, independientemente del contexto, la época y las condiciones propicias o adversas, porque la acción y la elección son personales, incluso cuando has sido engañado toda tu vida.

Curiosamente, también los mitos griegos con los que el manga ikigai viste sus historias, también se parecen mucho al sentido japonés de la vida y la existencia, que hace lo que tiene que hacer a pesar de los demonios, engaños y vicisitudes que enfrentan sus héroes.

"Eres responsable de lo que haces, y solo tú lo puedes enmendar, destruir o reponer, nadie más".

El mito de Sísifo de Albert Camus, con su eterno subir la roca a lo alto de la montaña para verla caer y empezar de nuevo eternamente, es del todo ikigai, porque lo importante no es el final, sino el trayecto, el hecho de no dejar de subir la roca hasta la cima de la montaña una y otra vez para verla caer de nuevo.

Se pueden pasar muchas experiencias de dolor y de placer al subir la roca, o ninguna, pero hay que subirla hasta la cima las veces que haga falta: eso es la vida, y ese es el sentido que tiene, por tanto, hay que hacerlo lo mejor posible y de la manera que sea más grata para cada uno de nosotros.

El ikigai de Albert Camus

Quizá Camus nunca supo del ikigai japonés, pero lo interpretó de manera ejemplar, tanto en *El mito de Sísifo*, como en *La peste* y en *El extranjero*, donde el don de lo que sabes y puedes hacer bien, lo que debes hacer por los demás a pesar de las circunstancias, lo que debes cobrar o la recompensa que debes recibir por hacerlo, y el gusto o satisfacción que persigues, se unen y marcan el sendero a seguir para que la vida personal sea plena y con sentido.

Viktor Frankl, a pesar o gracias a su logoterapia, abunda en un sentido vital de resistencia por su experiencia en los campos de concentración nazis, es decir, en una forma de vivir y estar en el mundo en los momentos más difíciles de la existencia, con lo que ha ayudado a muchas personas cuyos sufrimientos personales, aunque nimios, son muy importantes para quienes los sufren, por lo que su ikigai es muy respetado por lo que tiene del acto cotidiano a resolver y a tener un motivo para vivir a pesar de las adversidades, algo que experimentó el pueblo japonés tras la Segunda Guerra Mundial, pero para algunos carece de profundidad y deja todo en manos del terapeuta, no en las de la persona que debe encontrar y seguir su propio ikigai, como señala Jean Paul Sartre o esboza Kierkegaard, teniendo a la acción personal y particular, es decir, a la elección de la propia voluntad, como eje del existencialismo, un ikigai del todo europeo.

En *El ser y la nada*, Sartre incide en la responsabilidad personal, simplemente porque existimos aquí y ahora, de los actos cotidianos, como de aquellos actos que consideramos socialmente elevados, porque todos los actos, la acción misma de la vida, nos llevan a ser lo que somos incluso si no queremos serlo.

Jean Paul Sartre, el ikigai del existencialismo

Podemos engañarnos todo lo que queramos, incluso actuar inconscientemente, ya sea adoctrinados o ciegos de vanidad, pero, de cualquier forma, actuamos. Como dice el Zen tradicional japonés, fiel reflejo del ikigai: "Hacemos de todo aunque no hagamos nada, porque nuestro cuerpo y nuestros apetitos están vivos".

Como dice Taro Tamura, Oriente y Occidente se unen en la búsqueda de todos y cada uno de los seres humanos de todas las latitudes del planeta, porque todos, absolutamente todos, se preguntan alguna vez: "¿Qué es todo esto?", ¿cuál es el sentido de nuestra presencia en esta Tierra?".

Hay varias respuestas, o intentos de respuestas, sobre el sentido de la vida, por lo cual nacemos y estamos en este mundo para:

- Aprender.
- Experimentar la vida física y material.
- Reencarnar hasta alcanzar el estado espiritual.
- Luchar contra el mal y establecer el bien.
- Superar las pruebas de las tentaciones.
- Trascender a otra vida o existencia tras la muerte física.
- Encontrar a nuestra alma gemela y fusionarnos con ella.
- Mejorar al mundo entero.
- Ayudar o cuidar a los demás.
- Superar los engaños, distracciones y manipulaciones de esta vida.
- Cuidar del mundo y de la naturaleza.
- Buscar la paz, la armonía, la bondad, el amor y la tranquilidad espiritual.
- Luchar y sobrevivir.
- Encontrarnos a nosotros mismos.

- Llegar a lo más alto.
- Cumplir el rol o papel que nos asigne la vida.
- Amar y para comprender.
- Crear y para reformar.
- Iniciar un nuevo ciclo vital y existencial.
- Ampliar horizontes y desentrañar los misterios de la vida.
- Pensar en libertad.
- Actuar y tomar nuestras propias decisiones.
- Elegir el sendero.
- Descubrir todo lo que hay en el universo.
- Cumplir con una misión.
- Creer y tener fe.
- Modelar la realidad.
- Purgar pecados o errores de vidas pasadas.
- Acompañar a los que sufren.
- Evolucionar como especie.
- El arte o las ciencias.
- Elevar el pensamiento.
- Disfrutar de los placeres sensuales de la existencia, incluso los dolorosos o los que provocan temor o sufrimiento.

O simplemente para vivir en plenitud el día a día, como señala el ikigai, nada más, sin tantas complicaciones y distracciones, porque lo verdaderamente profundo de la vida y de la existencia se encuentra en lo más simple, en lo que tenemos a mano; todo lo demás es engaño o vanidad, comparaciones sin sentido alguno que aparentan llenar miles de millones de vidas.

El hecho, dice el ikigai, es que estamos vivos aquí y ahora, independientemente de las interpretaciones o valoraciones que se hagan al respecto.

Cada filosofía, como cada cultura, expresa con sus propias palabras las dudas existenciales de esta vida. El ikigai las expresa e intenta resolverlas desde cuatro emanaciones del ser, sobre todo en lo más elemental y directo de cada persona, como lo es su vida cotidiana, ya que de ella se desprende y abunda todo lo demás: el sentido de la existencia misma.

DR. TAPIA

Introducción
Las cuatro emanaciones del ser

Muy a menudo en esta vida,
una cosa es lo que sientes,
otra cosa es lo que piensas,
una más es lo que dices,
y una muy distinta lo que haces.

Cuatro emanaciones del ser,
congruencia de la incongruencia.
Shiro

¿Qué es eso del ikigai?

Los expertos no se ponen de acuerdo sobre el significado de la palabra "ikigai", o "ikegay", entre muchas otras cosas porque en el idioma japonés hay palabras y conceptos que no son literalmente etimológicos, sino derivados fonéticos de otras lenguas o del mismo japonés, como el caso de "supamaketo" (supermercado en español o *supermarket* en inglés), y tampoco silábicos, con lo que —me dice mi amigo Chiro Hiroshi— las reglas del haiku en español, con 3 versos de 5, 7 y 5 sílabas respectivamente y sin expresiones conceptuales no silábicas, que pueden ser muy largas, silábicamente hablando, no tienen mucho sentido; pero que en Japón funcionan perfectamente, porque un haiku puede ser muy extenso pareciendo corto, y muy corto pareciendo extenso, todo depende de las expresiones que se utilicen al componerlo, mientras que en español o inglés siempre son cortos, por hermosos o profundos que sean.

De esta manera, la palabra "frío" en japonés se refiere al *kigo* invernal, es decir, al invierno como estación del año y todo lo que ella representa, y el *kigo* primaveral, al florecimiento de los cerezos; algo parecido a las metáforas en español, pero que en japonés pueden hacer un haiku mucho más largo que de 5, 7 y 5 sílabas por verso.

Por lo tanto, a la palabra ikigai, que para algunos proviene de dos raíces: *iki* y *kai* (o *kay* o *gay*), vida y posiblemente alegría, o vivir y realizar, se le dan diversas traducciones e interpretaciones, sobre todo desde que se ha hecho popular y universal el término gracias al manga y a diversas series de televisión, por ejemplo:

- Vivir alegre.
- Vida realizada.
- Arte de vivir.
- Sentido positivo de la vida.
- Vida natural.
- Satisfacción de la vida.
- Razón del ser o razón de ser.
- Razón de vivir.
- Motivo para despertar y levantarse cada día.
- Fuerza vital positiva.
- El placer japonés de una vida con sentido.
- El verdadero sentido de la existencia.
- El correcto sentido de la vida.

Y muchas más, todas ellas, en un principio y originalmente, para afrontar la vida cotidiana; y a partir de unos años a la fecha, incluso para entender y afrontar la existencia trascendental, tanto como la experiencia vital en este planeta, todo ello en cuatro emanaciones del ser y el estar, que se unen para dar congruencia a lo que a menudo parece incongruente en el día a día y en el comportamiento de cada persona:

- Lo que te agrada de esta vida.
- Para lo que estás dotado.
- Lo que el mundo, la naturaleza y los demás necesitan de ti.
- La recompensa que mereces por lo que eres y por lo que haces.

Emanaciones de pasión, misión, profesión y vocación que deben estar en equilibrio como en una teoría de conjuntos, aunque a veces parezcan contradictorias, para que puedas de verdad llevar una vida consciente, plena, feliz y con sentido, es decir, para que consigas y disfrutes de tu propio y personal ikigai.

Los conjuntos del ikigai

TODOS TENEMOS NUESTRO PROPIO IKIGAI

Como si de un alma o espíritu esencial para esta vida, todos y cada uno de los seres vivos o inertes tienen su propio y particular Ikigai que se mueve en cuatro planos:

- La pasión, deseo o gusto.
- La vocación, talento, dote o don.
- La misión o deber para con los demás.
- El oficio, la actividad o la profesión que alimenta.

Con el ikigai en el centro, es decir, el ikigai eres nada más y nada menos que tú, aunque a veces cueste un poco, o mucho, encontrarlo.

Ser consciente del propio ikigai produce paz, armonía, alegría y longevidad, como sucede con los que parecen ser los seres más armónicos y longevos del planeta, los habitantes de Okinawa en Japón, o de algunas provincias de Cuba en América, sin dejar de lado algunas regiones y pueblos de España, donde la felicidad no es una explosión de alegría, pero sí un bienestar personal que alarga y da plenitud a la vida.

Por supuesto, el ikigai puede manifestarse de muchas maneras, y puede darse casi en todas las regiones del mundo o en puntos muy específicos del planeta, con baile y música, con contemplación activa, con rica alimentación, con apego a la naturaleza o con serena sabiduría.

Suele darse más en la madurez y con una sana y larga experiencia de la vida, pero no está vedado a nadie ni pertenece solo a una generación determinada, porque a veces basta con darle un sencillo significado y sentido a la propia existencia más allá o independientemente con lo que suceda alrededor.

No todas las personas del mundo tienen experiencias gratas, pues algunas regiones viven en conflictos perpetuos y están secuestradas por religiones, guerras o ideologías, pero el ikigai está al alcance de todos y cada uno de los seres que habitan este universo, pues todos y cada uno de ellos pueden elegir la paz interior en lugar del conflicto y el sufrimiento externos.

Taro Tamura, que sabe lo que es vivir el trauma de una guerra nuclear, me dice que tampoco importa el camino que se elija en esta vida, porque al fin y al cabo el ikigai es nuestro centro esencial y algo que siempre llevamos dentro, y que permanecerá en nosotros incluso después de haber terminado el ciclo vital en el que nos encontramos en este mundo y en este momento, aunque también es cierto que vale la pena descubrirlo hoy mismo, para disfrutarlo y sentirnos conscientes y plenos.

El ikigai es tu centro, el ikigai es lo que te impulsa a levantarte cada día, el ikigai eres tú.

UN POCO DE HISTORIA

Como suele suceder en estos casos, sobre todo cuando algo nace de la tradición oral y no hay textos que los conviertan en historia, el ikigai no tiene fecha exacta de nacimiento, ya que para algunos se pierde en la noche de los tiempos, mientras que para otros nace exactamente en el siglo VIII de nuestra era, para aparecer el concepto, ya con la joven escritura japonesa, en el siglo XII, cuando la palabra *iki* se refería a las conchas marinas como concepto o metáfora de la vida que emerge del mar, sin saber exactamente de dónde sale su complemento, *gai* o *kai*, que puede ser una alocución fonética de "alegría" o "felicidad", e incluso "grupo" o "disciplina", dependiendo del lingüista.

La escritura japonesa, derivada de la china, nace como una lengua conceptual e ideogramática en el siglo XII, con conceptos diversos en cada ideograma, y no como letras y sílabas que compongan una frase, es decir, sin alfabeto como la mayoría de las lenguas occidentales, además de contar con diferencias para cada ideograma dependiendo de su entonación y contexto, con lo que una misma palabra puede significar distintas cosas, o ser cortés dicha de una manera, y grosera o descortés si no se dice con el tono apropiado, y una cosa es utilizarla entre iguales, ya sea por edad o por condición social, que utilizarla ante personas de autoridad o de edad avanzada.

La primera persona que escribe formalmente del ikigai, lo hace en el siglo XX, en 1966, la doctora en psiquiatría Mieko Kamiya con su libro *El sentido de la vida.*

Mieko Kamiya, la madre del ikigai moderno

De este libro, y ya con un Japón ampliamente

occidentalizado, se desprende la psicología ikigai, y una serie de escuelas e instituciones que la practican hoy en día, para algunos algo lejos del ikigai tradicional, y para otros una evolución lógica del ikigai para que funcione en nuestros días.

Por ejemplo, en la cuarta emanación del ikigai, lo que haces y merece una recompensa, se convierte en lo que debes cobrar por lo que haces, es decir tu profesión, oficio o trabajo remunerado, algo indispensable en nuestros días para afrontar los gastos económicos de cada día, pero del todo innecesario en la vida diaria de la Okinawa del siglo VIII de nuestra era, donde prácticamente no había empleos remunerados, Japón vivía recluido en sí mismo, y el dinero, papel o moneda, era tan escaso como raro para la población en general.

No había cobro específico por la labor realizada, y el intercambio o comercio no se hacía por regla general con precios específicos monetarios, ya que, como muchas otras culturas, las recompensas eran vía trueque o intercambio de bienes y servicios, en las zonas urbanas y comerciales, y prácticamente inexistente en las zonas rurales o campesinas, donde sus pobladores era casi autosuficientes, y no por gusto, sino porque no había nada más que lo que cada familia cosechaba o producía. Los señores shogun y los samuráis, junto con algunos cortesanos, monjes y comerciantes, sí se movían por intereses más pecuniarios, lujo y poder, pero el resto de la población estaba muy lejos de estas veleidades y no tenía más que el día a día para vivir.

Para el pueblo, en general, había abundancia en los tiempos de abundancia, y restricciones en los tiempos de malas cosechas.

Tiempos ikigai de abundancia

Los mendigos y los artistas, que siempre han existido, vivían a expensas de los pobres y de los ricos señores feudales, con un futuro incierto a cada paso, peor que hoy en día, porque la fama y la fortuna, y mucho menos la publicidad, no habían llegado al Japón medieval.

El ikigai se desarrolla en este contexto, como una filosofía de vida que no sabe que es filosofía, solo una forma de enfrentar lo cotidiano, donde si había qué comer, se comía, y si no había, se pasaba hambre con la mejor disposición personal y hasta alegría, como sucede con muchos pueblos del tercer mundo actualmente, que son felices y hasta sabios a pesar de la miseria material en la que se encuentran.

Las cuatro emanaciones del ikigai siguen siendo las mismas, aunque se interpreten de una o de otra manera en las diferentes regiones del mundo.

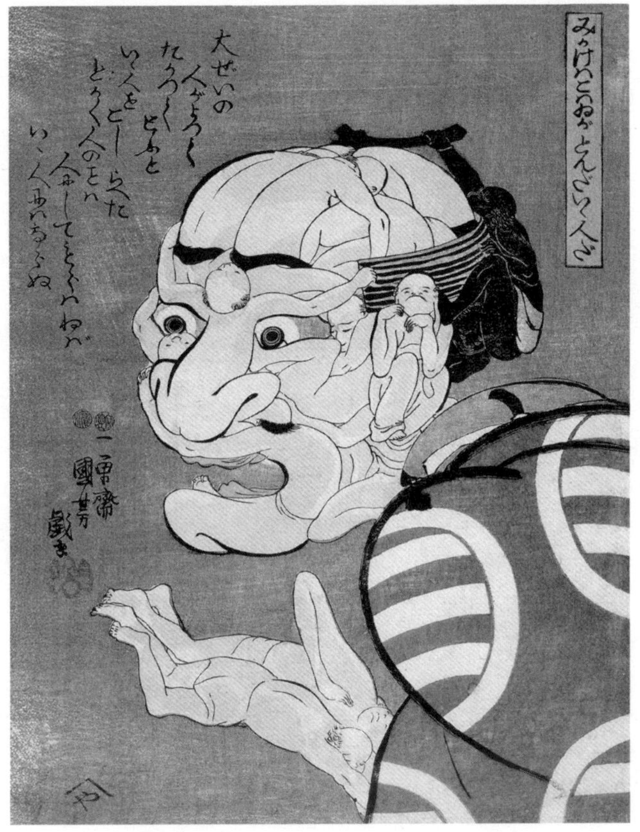

Tiempos ikigai de restricciones

En Japón, a día de hoy, el ikigai es ligeramente distinto al que se practica en EE. UU. o en Europa, ya que la catástrofe nuclear que sufrieron los nipones dejaron secuelas que no se han superado del todo, por lo que en su aspecto psicológico, para superar estas secuelas, además de haber ayudado a cientos de miles de japoneses en los años sesenta del siglo veinte, se centra más en la recuperación mental, anímica y psicológica posguerra, de lo que se hace en Europa o EE. UU., donde los consejos antidepresivos están a cargo de la logoterapia de Viktor Frankl, que guarda ciertos puntos en común con el ikigai de la doctora Kamiya, más por contexto y experiencias posguerra, que por copia o aprovechamiento ajeno.

No es extrañarse, por tanto, que muchas de las escuelas ikigai, que nacen de la inspiración de Mieko Kamiya, se dediquen a esos males y enfermedades modernas, como el estrés, la ansiedad, la depresión y el sin sentido de la vida, que casi no existían, o no existían del todo, en la Okinawa del siglo VIII de nuestra era.

Los tiempos y los contextos cambian y evolucionan, a menudo para seguir siendo los mismos en el fondo, o para volver a épocas que se sienten y piensan más bucólicas y lisonjeras, con lo que el ikigai está volviendo a sus orígenes de contemplar la importancia y relevancia de la vida personal en lo cotidiano, en el día a día, en el sencillo, humilde y simple hecho de levantarse con el pie derecho cada mañana, y así crear una nueva existencia del todo positiva en el nuevo día, tanto en los tiempos de abundancia como en los tiempos de restricciones.

I
Una razón para levantarse cada día

Me levanto para estudiar,
me levanto para trabajar,
me levanto para desayunar,
me levanto para ver el sol
iluminar el día,
pero sobre todo me levanto
para sentirme entre tus brazos
y llenarme el alma
con tu sonrisa,
porque al levantarme
sueño todavía.

El ikigai cuestiona: “¿Te has preguntado alguna vez por qué te levantas cada día?”.

Las razones pueden ser muchas.

También es posible que lo hagas por costumbre, porque así te han enseñado o porque no te queda otra opción.

La cama, la estera o la hamaca pueden ser muy agradables, pero a menudo también cansan o aburren, o te echan fuera de ellas, como si el cuerpo se comportara como un ser independiente que no quiere seguir durmiendo, y se levanta y se estira, lo quieras o no lo quieras.

Quizá sea ese ikigai que llevas dentro el que te obliga a dejar la cama y a apartarte del mundo de los sueños para que entres de pleno en la realidad de cada día, a través de cuatro emanaciones:

- El deseo interno, el sueño a perseguir, las ganas, la pasión.
- La realización de proyectos o la autorrealización personal.

- Los compromisos para contigo y para con los demás.
- La necesidad, la cosecha o el cobro, es decir, la responsabilidad.

A partir de estas cuatro emanaciones elementales, y sobre todo en la modernidad hasta el día de hoy, las razones aumentan, y la gente se levanta para:

- Estudiar.
- Trabajar.
- Viajar.
- Comer.
- Bañarse.
- Hacer el amor.
- Solucionar un pendiente.
- Ayudar a alguien.
- Pintar.
- Cantar.
- Bailar.
- Leer.
- Ir a un espectáculo.
- Sorprender a alguien.
- Ganar tiempo.
- Ir de compras.
- Atender a alguien.
- Recibir visitas.
- Cumplir con un compromiso.
- Asistir a una fiesta, conferencia o manifestación social.
- Cumplir con un rito mágico o religioso.
- Simplemente atender tus necesidades fisiológicas.

La gente puede levantarse de buena o de mala

gana, deseando seguir durmiendo o simplemente retozando entre las colchas y las sábanas, dándose unos minutos más o saltando enérgicamente para crear y enfrentar el nuevo día.

Parece un acto simple por cotidiano, pero no hay que olvidar que hay miles de personas que no pueden levantarse, que saltar de la cama alegremente a menudo es todo un privilegio.

Las enfermedades pueden obligar a postraciones interminables, pero aún así hay quienes se despiertan y levantan el ánimo, el deseo, las ganas de vivir, de ser útiles y de hacer algo a lo largo del día.

Hay razones conscientes e inconscientes, impulsos o necesidades, por lo que todos y cada uno se levantan por diferentes motivos y situaciones; por eso, unos se levantan porque así lo desean, y otros porque no les queda más remedio o son obligados a hacerlo.

¿Por qué o para qué levantarse cada día?

Un acto sencillo que hacemos todos los días, pero que para el ikigai tiene una importancia fundamental, porque ese simple hecho significa nacer y renacer al milagro de estar vivos y crear lo que será el nuevo día.

Sí, despertar y levantarse cada día significa estar vivo en este planeta, una verdadera y maravillosa experiencia del universo que marca los ciclos más elementales del universo. Por eso, cada día que te levantas:

- Comienzas de nuevo.
- Creas una galaxia.
- Modelas un sentimiento.
- Acompañas a miles de millones de personas.
- Naces.
- Proyectas tu luz y tus pensamientos.
- Es un verdadero milagro.
- Recibes el don de la existencia.
- Es una aventura y un reto.
- Despiertas tu conciencia.
- Eres otra persona inédita.
- Estás limpio.
- Emprendes una nueva empresa.
- Construyes un imperio.
- Alzas el vuelo y viajas por todo el cosmos.
- Es una nueva oportunidad para alcanzar tus metas.
- Se inicia la consecución de tus sueños.
- Se abre la puerta para superar los errores del pasado y acometer nuevos aciertos.
- Escribes una nueva página de tu destino.
- Entras en acción.
- Andas y haces andar al universo.
- Es el último y el primero.
- Tu voluntad se pone en juego.

Cada día amanece entre flores de cerezo o entre

brumas invernales, pero amanece y el cuerpo se levanta ante el maravilloso despertar de la naturaleza.

Amanecer entre flores de cerezo

AMANECE Y TE LEVANTAS

Entonces, pregúntate a ti mismo, o a tu ikigai —que también eres tú mismo—, ¿cuál es tu razón de hacerlo?

Pregúntate y respóndete, ¿por qué y para qué te levantas?

Y si no te satisface la respuesta, estírate, respira hondo, y comienza de nuevo, dándole un sentido positivo, especial, creativo y específico al hecho de levantarte.

Si todo está bien y es positivo, adelante, a crear un mundo nuevo para ti y para los demás.

Si no está bien o es negativo, enfréntalo y asúmelo de la mejor manera posible, sin dejar de construir un día y un futuro mejores, centrándote en ti, en lo que te gusta, en lo que sabes hacer, en lo que le debes a los demás o a este mundo, y en lo que vas a recibir a cambio por hacerlo, o a cobrar como sucede en estos tiempos.

Por supuesto, no hay que ser ingenuos, pues hay personas que se levantan por motivaciones poco justas y menos ejemplares para los demás, pues:

- El ladrón se levanta para robar.
- El asesino se levanta para matar.
- El estafador se levanta para estafar.
- El poderoso se levanta para manipular y dominar a los demás.
- El mal político se levanta para engañar y medrar.

Y el que no tiene motivos personales y carece de conciencia y de consciencia para levantarse cada día, cada mañana, simplemente emula y sigue sumiso y fanáticamente a los anteriores, es decir, amanece y se levanta entre brumas.

Amanecer (hinode) entre brumas

Con conciencia o sin ella, cada persona de este mundo se levanta creyendo que lo que va a hacer en el día es lo correcto o lo que se debe hacer, su propia forma de vida y de estar en este mundo, ya sea como obrero de la construcción, o como gerente de una gran empresa.

Si hay que abusar de los empleados, si hay que estafar a los socios o colaboradores, así como matar gente, robar un banco, destruir una casa o maltratar a un enfermo, da lo mismo, porque cada quien se levanta para lo que cree o piensa que ha de levantarse sin hacerse demasiadas preguntas, y sin verdadero ikigai de por medio.

Así que levántate de todas formas, nos dice el ikigai, porque algún día vas a tener mucho tiempo para estar acostado, cremado o inmóvil, cuando se acabe tu ciclo vital en estos terrenos, hagas lo que hagas y te levantes para lo que te levantes, teniendo en cuenta que siempre hay la posibilidad de cambiar y enderezar el rumbo de un día para otro, levantándote para un nuevo amanecer que valga la pena y le dé un sentido de amor, paz y felicidad a tu existencia.

"Para lo único que sirve el pasado es para hacer recuento, porque nada ni nadie puede cambiar lo que está hecho".

Por tanto, vive y levántate mientras estés vivo y hasta el último suspiro de tu presente existencia; aunque no estaría de más que le preguntaras a tu Ikigai cuál es el verdadero y profundo motivo que tienes para levantarte cada día. Hazlo, y a ver qué te responde, te puedes llevar más de una sorpresa.

De cualquier manera, levántate, porque nunca es tarde para levantarse y empezar de cero.

LAS CUATRO EDADES DEL IKIGAI

Cada persona es diferente y tiene diversos motivos para comenzar o enfrentar el nuevo día, y también tiene cuatro condiciones físicas y temporales al hacerlo, más o menores fuerzas orgánicas, deseos, pasiones y compulsiones, mayor o menor madurez para entender los procesos de la vida.

- Primeros pasos: infancia, ingenuidad e inconsciencia.
- Segundos pasos: pasión, sexo y deseos de la juventud.
- Terceros pasos: madurez, afirmación y fortaleza.
- Cuartos pasos: la sabiduría de la experiencia.

En la infancia, el ikigai es espontáneo y aprende cada día sin proponérselo, pues es una página en blanco que empieza a colorearse con lo que le rodea.

En la adolescencia y primera juventud, nacen la rebeldía, el sexo, el deseo, la pasión, la inconsciencia del enamoramiento, los ideales, las ganas de transformar y comerse el mundo.

En la segunda juventud, el ikigai madura y empieza a comprender, pero aún se rebela y desea y busca, pues se centra más en afirmarse y en estar, que en ser de una manera profunda y reflexiva, por tanto, se asienta y suele formar familia y tomar pareja o compañero de vida.

En la tercera juventud, o tercera edad, la capacidad reflexiva del ikigai se hace presente, y si bien la mayoría muere creyendo lo que le enseñaron en la infancia, muchos adquieren verdadera consciencia de ser y de estar, comprendiendo que la experiencia existencial es única y personal, y que no se puede transmitir a los demás por mucho que se den consejos y se exprese sabiduría, porque la verdad es que nadie aprende en conciencia ajena, aunque, según la cultura japonesa, todos cargamos a un anciano en nuestro ser a un anciano cercano a la muerte (*ubasute*).

Todos cargamos en la espalda a un anciano

Más que enfermar, el cuerpo envejece y pierde muchas de sus capacidades físicas, pero a la vez suele aumentar las capacidades mentales de la reflexión y el entendimiento, mientras que, cuando es joven y fuerte, el deseo y la pasión, el asentamiento y la autoafirmación, dejan poco espacio para pensar más allá de lo que se piensa o se necesita diariamente.

Cada etapa de la vida tiene su propio ikigai, es decir, su propia forma de ser y estar en la vida, un sentido cotidiano que difícilmente se tiene en otras etapas.

Nadie nace sabiendo, y si bien no somos tablas rasas al nacer, pues venimos con ciertos dotes, dones e información genética, todo el mundo es nuevo y ofrece miles de oportunidades y de senderos, como lo es cada día, por lo que al niño no le queda más remedio que aprender lo que ve, oye y siente, tanto lo falso como lo verdadero, lo agradable y lo desagradable, sin ser verdaderamente responsable de sí mismo, porque casi todo en él es reflejo de la educación, de los padres, de los hermanos, del pueblo, y, en fin, del contexto donde nace y muere, y no tiene armas conceptuales para esbozar un pensamiento crítico que vaya más allá de su ingenuidad y su hambre de respuestas.

La primera etapa, los primeros pasos, son un área formativa, que muchas veces se rompe o se transforma, sin desaparecer del todo, cuando llega el eclosionar de las hormonas, y con ellas el enamoramiento, sexual e ideológico, junto a los deseos de transformar el mundo. Una edad maravillosa llena de descubrimientos que a menudo se alarga más de la cuenta, pues se sigue careciendo del criterio necesario para criticar a fondo lo que sucede en uno mismo y alrededor, pero se tiene la fuerza física y mental para hacerlo. Muchos engaños contextuales se descubren en esta etapa, pero aún no se sabe cómo vencerlos, transformarlos y convertirlos en verdaderos, o adoptar unos nuevos más reales y menos condicionadores.

La adolescencia y primera juventud pueden alargarse más de la cuenta, e invadir la madurez y la senectud, sobre todo cuando no se habla con el ikigai para evitar enfrentarse con la verdad, pues el ikigai puede exigir, mientras que mantenerse ignorante y adolescente es más cómodo.

Sí, el ikigai personal puede ser muy incómodo para la vida social, pues exige lucidez y responsabilidad, pensar y reflexionar, evolucionar y asumir retos, que a menudo solo se pueden enfrentar y reconocer cuando el cuerpo es viejo y no está en su mejor momento.

Los compromisos y obligaciones de la edad madura

La madurez es un proceso más que un estado, es decir, en la tercera etapa de la vida se madura y se aprende lo que se va a desarrollar en la senectud, no antes, porque, en ese proceso, las necesidades, los compromisos, las obligaciones y las responsabilidades cotidianas exigen tiempo, dinero y esfuerzo, algo o alguien a quien mantener, cuidar y enseñar, ya sean hijos, pareja, mascotas, ganado, siembra o posesiones, porque todo lo que se logra o se adquiere en esta etapa, requiere de cuidados y atención, e incluso de pagarle al estado por poseerlos. Se puede pagar lo que le gusta a la persona, pero no se puede disfrutar en plenitud, y el ikigai se mantiene en segundo o en tercer lugar, pues solo tiene unos minutos, entre obligaciones y distracciones, para atenderlo, y nos levantamos para cualquier otra cosa que no sea el reflexionar sobre el sentido de la vida y de la existencia.

Me levanto para escribir, y del ikigai no me acuerdo

Es entonces cuando la persona se pregunta qué sentido tiene todo esto a lo que llamamos vida, pero a menudo se carece de los elementos para responderlo.

Desde la Okinawa del siglo VIII, con el arte y la dinastía Hian en su apogeo, hasta nuestros días, nos sucede que entre la juventud y la madurez se pierde mucho tiempo y se gastan y desgastan nuestras energías vitales y nuestro pensamiento, por lo que acercarse al propio ikigai a menudo queda lejos o se convierte en una práctica terapéutica más de una hora o media hora a la semana, porque el resto corresponde en eso que llamamos vivir, con sus alegrías y tristezas, creyendo que así nos afirmamos y nos asentamos en este mundo; y no es que esté mal o bien, es simplemente que a cada etapa vital corresponde la estructura sistémica, social, cultural o tradicional a la que nos enfrentamos cotidianamente.

En la senectud, finalmente nos dice el ikigai, podemos dedicar tiempo y atención a lo que llevamos dentro, dándonos cuenta de las verdades y los engaños a los que hemos estado sometidos, pues podemos hablar con libertad de lo que pensamos, creemos y sentimos desde dentro hacia afuera, y no desde afuera hacia adentro, para darnos cuenta de que la vida tiene sentido, sobre todo de manera personal y cotidiana, sin elucubraciones, falsas ensoñaciones ni divinidades salvadoras, porque todo ha estado dentro de nosotros desde el primer momento, o desde antes, si es que es cierto que venimos de otras vidas o de otras experiencias existenciales y nos dirigimos a unas nuevas después de muertos.

Por supuesto, como dice el Zen clásico japonés, el despertar y ser lúcidos en nuestro propio ikigai, puede darse en cualquier momento y en cualquier lugar, a cualquier edad y en cualquier situación, lo que tampoco nos hacer mejores, sino simplemente más conscientes del sentido vital de la existencia.

Lo que nos gusta, la pasión y el deseo tan propios de la adolescencia y la primera juventud, a menudo nos dura hasta el último momento de nuestra estancia física en este planeta, y nos levantamos no para pensar, sino para satisfacernos.

II
¿Qué es lo que te gusta?

Me gustas tú,
tanto que desearía
olerte, besarte,
abrazarte, comerte,
reírte, escucharte,
beberte a tragos lentos
o apurarte de un sorbo
para llevarte eternamente
dentro,
ikigai de mi corazón.
SHIRO

Una vez que te has puesto de pie, te has estirado y te has aseado, el ikigai que llevas dentro te pregunta:

- ¿Qué es lo que te gusta de este mundo?
- ¿Con qué disfrutas realmente?
- ¿Qué es lo que más te satisface?
- ¿Qué es lo que te llena de deseo?
- ¿Qué quieres con toda tu alma?
- Si te dieran la posibilidad de elegir un milagro que te hiciera la persona más feliz del universo, ¿cuál pedirías?
- ¿Qué placer te llena?
- ¿Todo? ¿Lo quieres absolutamente todo?
- ¿Nada? ¿En realidad, no te gusta ni te importa nada?

Efectivamente, también es posible que existan personas a las que no les apasiona absolutamente nada de este mundo, y quizá tampoco del otro, que no se haya inventado o no exista lo que desean, o incluso que sus deseos sean tan oscuros y terribles que no se atreven a expresarlos a nadie, ni a ellas mismas.

No hay que ser ingenuos, porque hay deseos inconfesables, malvados, crueles, siniestros, pervertidos, ilegales, punitivos, vengativos o indiferentes y prácticos como el desear que absolutamente toda la humanidad desaparezca junto con todas las miserias de la vida y de la naturaleza, algo que sucederá de cualquier manera dentro de unos cinco mil millones de años y que no estaremos aquí para ver.

Tampoco se puede dejar de lado que hay deseos que al satisfacer a una persona hieren o dañan a otra, a una comunidad o a la humanidad entera: "Cuando unos cuantos tienen de más, es porque la inmensa mayoría tiene de menos", nos dice el ikigai, señalando que hay deseos que parecen inocentes y buenos, pero que en realidad son inconscientemente perversos.

LOS *HIKIKOMORI*

El deseo de los jóvenes *hikikomori*, por ejemplo, es recluirse en casa, a veces durante años, y no salir de su habitación para nada, dedicándose a dormir, ver la televisión, leer manga, jugar videojuegos de todo tipo, comer productos chatarra, evitar el baño o la higiene, o practicarla obsesivamente, sin poner atención a nada más en este mundo.

Los que tienen de todo y la familia no los echa de casa porque su cultura se los impide, pueden pasar media vida encerrados, total, no les va a faltar energía eléctrica, computadora, teléfono, comida, techo, ropa y aseo, sin que tengan que poner nada de su parte.

Los hay que han muerto sin que nadie los echara en falta durante mucho tiempo, en una especie de suicidio por inanición si no tienen quien les provea comida.

Otros han acabado en la calle, aunque esto en Japón no le gusta ni a las autoridades, presos de la depresión, la drogadicción o el alcoholismo, una vez que se les ha acabado la batería de la computadora o se han quedado sin videojuegos.

No faltan los que, sin llegar a esos extremos, han perdido el trabajo, la familia o la pareja, por lo que se han quedado solos y abandonados para empezar de nuevo y desde cero.

Sí, por desear se puede desear cualquier cosa, incluso no ser ni hacer nada, o ser un *hikikomori* más, al fin y al cabo está de moda, y porque a veces el mundo no tiene nada que ofrecer a ciertas personas, cuyo ikigai tiene un sentido de la vida nihilista o anarconihilista, y absolutamente nada de este planeta les atrae, les apasiona o les satisface. Muchos vagos, indigentes, monjes, presos y hasta parásitos económicos y sociales no tienen o no les interesa la vida, la gente, el mundo ni el sentido o sinsentido que la existencia tenga o deje de tener.

El deseo del encierro y aislamiento hikikomori

Y están en todo su derecho, incluso muchos de ellos no le hacen daño a nadie y hasta tienen un don, algo que saben hacer bien o muy bien; a veces ayudan a los demás o les dan un sentido de ayuda, porque los raros y los enfermos, paradójicamente, les dan un sentido vital a quienes los intentan curar y los atienden; algunos *hikikomori* incluso cobran una pensión o un subsidio por lo que hacen, aunque no hagan nada, para que el sistema se ponga medallas al mantenerlos; y no faltan los que trabajan remotamente desde su computadora y perciben un buen sueldo.

En suma, hasta los renegados pueden cumplir perfectamente con las cuatro emanaciones del ikigai, a pesar de asustar a las buenas conciencias y estar muy mal vistos por el conjunto de la sociedad.

El sentido de la vida para los monjes zen tradicionales es la contemplación activa, evitando de esta manera y, en la medida de lo posible, toda acción, y no se puede decir que estén equivocados o que carezcan de un ikigai elevado.

En la Okinawa medieval, atender a las vacas durante toda la vida, desde la infancia (7 años) hasta la muerte (90 o 100) llenaba todo el espíritu y cumplía perfectamente con el sentido de la existencia que nos enseña el ikigai.

Nada está bien ni está mal mientras se tenga un ikigai, un sentido de la vida y de la existencia en su día a día, aunque la sociedad no lo acepte.

EL IKIGAI DEL AMOR

La vida es en sí misma pura pasión y deseo, emoción y sentimiento, más allá de la realidad, la verdad o la razón, tanto que en la expresión del amor enamorado, la otra persona se convierte en el ikigai de nuestra existencia.

La cultura japonesa, que aprendió antes a pintar, cantar, bailar y esculpir que a escribir, siempre ha sido muy sensual y abierta en cuestiones de amores y sexo, tanto en los baños públicos para todo el mundo sin separaciones por género, como en el dulce trato de las geishas, donde el sexo viene despúes de disfrutar de todos los placeres para los sentidos.

Una geisha sabe tocar un instrumento virtuosamente, tanto como hablar con inteligencia de política, arte, filosofía y esoterismo, como hacer el amor de una manera sabia que nubla los sentidos y eleva el entendimiento.

Los enamorados son refinados e íntimos, y caminan codo a codo su romance hasta extasiar cuerpo y alma, como en *El imperio de los sentidos*, de tal manera que el uno para el otro se convierten en ikigai mutuo, es decir, en el sentido existencial y vital de la pareja.

"El sentido de mi vida eres tú, y si no quieres serlo, me muero", se dicen los enamorados, en un romanticismo mucho más antiguo y solidario que el romanticismo europeo, o que la monogamia obligada de los griegos.

Los dramas de los enamorados en Japón son milenarios, y ambas partes se lo toman muy en serio, tanto que el despecho suele convertirse en tragedia o en obligación eterna de cariño y respeto, como se puede ver tanto en la vida diaria como en el manga, en el kabuki o en su producción fílmica.

Si no hay ikigai en el amor, si uno no es el sentido de la vida para el otro, todo es una tragicomedia, amor sin compromiso ni respeto, algo que ha venido sucediendo en la sociedad japonesa de los últimos tiempos porque el mismo ikigai personal se ha ido perdiendo, y si una persona no tiene un ikigai propio, un sentido de la vida cotidiano y particular, difícilmente puede encontrarlo o tenerlo con otra persona.

El imperio de los sentidos, *el ikigai externo*

Amar sin sentido de la vida, sin un ikigai, es todo un desconsuelo, mientras que teniendo un ikigai personal, se puede amar al universo entero y encontrar en la pareja un motivo de existir, un ikigai complementario y externo.

"Vivir con amor es un paraíso, y vivir sin amor es un infierno", nos dice el ikigai, incluso si se vive en soledad o en un monasterio, donde el amor es más espiritual y menos sensual, pero es amor al fin y al cabo.

También hay que saber amarse a sí mismo, quererse, entenderse, cuidarse, valorarse, hablarse y entregarse, ser congruente con lo que se piensa, se siente, se dice y se hace, porque si uno no se ama de verdad y sinceramente a sí mismo, no puede dar amor a nadie, y tampoco recibirlo.

"No pienses en lo que no has amado ayer ni en lo que puedas amar o no amar mañana; ama hoy, porque el hoy es en realidad lo único que tienes".

Ama a las piedras tanto como a lo que llevas dentro

Puedes amar al sol y a la luna, a la arena y a las piedras, a las flores y a los insectos, a los que están cerca de ti y a los que están lejos, a los animales y a las plantas, a los árboles y a las montañas, a los ríos y a los mares, a las artes y a las ciencias, a las entrañas de la Tierra y a los cielos, haciendo que el ikigai externo sea tu ikigai interno.

Cuando hay amor, el ikigai interno se fusiona con el ikigai externo para convertirse en un ikigai común de amantes, de pareja o de comunidad entera.

El deseo es el deseo, y se cumple o no se cumple, pero se tiene y se expresa de una o de otra forma, de manera consciente o inconsciente.

¿Cuántos tipos de ikigai existen?

El ikigai, como motivo o sentido existencial de la vida, es personal en lo más profundo, y a la vez universal y muy diverso, porque todos y cada uno de los seres humanos, los ocho mil millones, tiene su propio ikigai.

En la fórmula tradicional de las cuatro emanaciones:

- Hay un ikigai sensible y emocional.
- Un ikigai intelectual.
- Un ikigai de responsabilidad para con los demás, así como para con el mundo y el universo enteros.
- Y un ikigai de retribución física y material para mantenernos con vida y satisfacer nuestras necesidades cotidianas en este mundo.

De esta manera, hay un ikigai, o sentido de la vida, emocional; uno intelectual o de capacidades; otro de responsabilidad; y otro más de necesidad física y material. Con la peculiaridad de que todos son uno y uno son todos, porque los cuatro conforman el ikigai profundo y central que nos rebela por qué y para qué estamos en este mundo, tanto día a día, como en el transcurso de toda nuestra existencia.

El ikigai puede cambiar de forma a lo largo de las edades de nuestra vida, pero se mantiene intacto en esencia.

El don del ikigai

Por otra parte, y más allá de lo que se desea y produce agrado o pasión, de las obligaciones y las retribuciones, cada persona cuenta con un don, habilidad o capacidad para realizar una serie de actividades, destacando por su saber hacer, teniendo más reconocimiento o suerte que otras personas, con más facilidades y oportunidades para realizar una labor determinada, que le da, además, un ikigai concreto dependiendo de su mes de nacimiento, al igual que las siembras y las cosechas, como veremos en el siguiente capítulo.

III
¿Qué es lo que sabes hacer bien?

Puedes intentar
saberlo todo,
incluso aprender miles de cosas
y tener cientos de experiencias,
pero solo unas cuantas
son el don
que le da sentido
a tu existencia.
Por tanto, haz lo que sepas hacer.
Proverbio Zen

El ikigai nos dice: “No pierdas el tiempo intentando hacer cosas que no sabes hacer, o diciendo cosas que no sabes lo que son. Haz solo aquello que dominas y conoces, porque ese es el don que tienes desde tu nacimiento”.

Lo ideal es que cada persona se dedique a aquello en lo que tiene habilidad y destreza, y que además le satisface, le gusta o le llena, pero, por desgracia, en las sociedades, avanzadas o no, no es nada fácil hacerlo, pues las necesidades, las obligaciones y el sistema económico, junto con las estructuras políticas y religiosas, nos empujan a satisfacer intereses ajenos, a cambio de una actividad que no nos gusta ni nos satisface para nada, actividades sin ikigai alguno.

De esta manera, muchas veces pasamos la vida entera sin hacer aquello que se nos da bien y que además nos gusta y nos satisface.Otras veces, lo hacemos como distracción, pasatiempo o como actividad extralaboral o extraescolar, y nos apuntamos en talleres impartidos por entidades culturales en nuestro pueblo o barrio, aunque solo sea para llenar un hueco de nuestra vida y de nuestro tiempo, pero raras veces llegamos a desarrollar esas actividades del todo y se quedan en lo privado o en lo anecdótico. Un breve ikigai que no está mal del todo, pero que raras veces llega a llenarnos y a convertirse en un ikigai duradero y consistente.

¿Astrología?

Las diversas astrologías que hay en el mundo a menudo son indicativas en el don que cada signo tiene por la fecha de su nacimiento.

En sus inicios, el ikigai tradicional no contó con astrología alguna, y aunque poco a poco fue asimilándose a la astrología china, con algo de Feng Shui, en sus inicios nunca observó a las estrellas como referentes del carácter y la personalidad de cada uno de los seres humanos, pero se basó en los meses de cada una de las cuatro estaciones, donde cada persona, como los cultivos y el clima, los procesos de preñez y nacimiento de los animales, y los cambios vitales de la naturaleza, para entender los dones con los que cada niño nacía.

Una especie de astrología rudimentaria, poco esotérica, pero muy funcional.

La astrología japonesa, lo mismo que el ikigai psicológico, no aparece por escrito hasta principios del siglo XX de nuestra era (1929), llamada, como muchas escuelas de Fen Shui en Oriente, El Sistema o Qi de las Nueve Estrellas, basado en el Sistema de las Cinco Estrellas desarrollado en China.

Fue el erudito japonés Shinjiro Sonoda quien desarrolló y publicó este Sistema de las Nueve Estrellas, que si bien se basa en las enseñanzas chinas, se parece mucho al horóscopo azteca, pues cada persona nace, además de un año y un mes determinados, también lo hace en un día del 1 al 9; un elemento natural: árbol, fuego, agua, tierra o metal; y un tonal, alma o rayo de energía, representado por un color: blanco, negro, turquesa, verde, púrpura, amarillo o rojo; además, del animal anual de la astrología china que le corresponda.

Astrología japonesa en busca del Qi

- Cada número representa una estrella influyente y protectora.
- Cada elemento una característica vital.
- Cada color una emanación espiritual o energética.
- Cada animal del zodiaco chino un desarrollo personal.

Y cada uno de ellos se estudia con la finalidad de encontrar el Qi, o energía existencial de una persona que bien podría ser ikigai personal, independientemente de su género, pues el Yin y el Yang, lo masculino y lo femenino, no se toman en cuenta en la astrología japonesa, porque los nueve signos básicos carecen de sexo:

1. Agua Blanca
2. Tierra Negra
3. Árbol Turquesa
4. Árbol Verde
5. Tierra Amarilla
6. Metal Blanco
7. Metal Rojo
8. Tierra Blanca
9. Fuego Púrpura

De esta manera, una persona en lugar de ser simplemente Aries, Tauro, Géminis, Cáncer, Leo, Virgo, Libra, Escorpio, Sagitario, Capricornio, Acuario o Piscis, puede ser: Uno, Tierra Negra y Cabra, y de ello dependerá la suerte y el don o dones que tenga, tanto para darle sentido a su vida, como para comer, viajar, estudiar, residir, trabajar y cuidar su salud.

Algunos terapeutas utilizan la astrología japonesa en sus consultas; otros están enfocados a la psicología, superación de los males modernos y recuperación de la normalidad, y quedan algunos, como Taro Tamura, que siguen basándose en el ikigai tradicional del sentido para la vida diaria dependiendo de la época estacional en la que ha nacido la persona, tomando en cuenta su género de nacimiento.

LAS CUATRO ESTACIONES

Según Tamura, el sistema del ikigai tradicional es mucho más sencillo para determinar los dones y talentos de cada persona, pues sobre todo contempla las cuatro estaciones, y luego las etapas de cada una, tres por estación, teniendo en cuenta que es muy diferente nacer hombre que nacer mujer, y no por machismo ("El machismo se pierde cuando se llega a la estera", nos recuerda el ikigai), sino por simple y claro sentido común de que hay diferencias biológicas, físicas, emocionales e intelectuales entre ambos sexos, sin que ello les prive de nada.

Como en el Yin Yang chino, la diferencia de sexos no es antagonismo, sino complementariedad cuando ambos ikigai se funden en uno y se comparte un mismo sentido vital y existencial.

EL DON, O QUÉ SABE HACER BIEN CADA PERSONA

Dependiendo del mes en que se nace, cada persona tiene dones específicos, o un solo don que se expresa de diferentes maneras, cuatro por lo menos, que abundan en lo que le gusta, lo que sabe hacer mejor, lo que el mundo le pide y lo que puede rentabilizar de manera económica, emocional, satisfactoria y personal, dependiendo en muchos casos si ha nacido hombre o mujer, comenzando por el mes de febrero:

FEBRERO (NIGATSU)

Las personas que nacen en febrero están bien dotadas con el don del pensamiento, la visión, la administración mental y el consejo, tanto que a menudo son consideradas personas sabias, raras o excéntricas, pero siempre explosivas y revolucionarias, asimiladas a Acuario en el horóscopo occidental, y al Tigre en el calendario chino.

Nigatsu, mes de los ciruelos en flor

¿QUÉ DON TIENE O SABE HACER MUY BIEN EL HOMBRE NIGATSU?

- Talento para investigar y descubrir.
- Capacidad para trabajar con los metales y el vidrio.
- Don de la visión del pasado y el futuro.
- A pesar de su aparente indiferencia o apatía, tienen el don de la empatía y el saber compartir con los demás.

¿QUÉ DON TIENE O SABE HACER DE MANERA EXCELENTE LA MUJER NIGATSU?

- Talento para enseñar y comandar pequeños grupos.

- Capacidad artesanal con los metales y los cristales.
- Don de transformar y embellecer su entorno.
- Fortaleza de carácter ante las adversidades.

COMPLEMENTARIEDAD

Se complementan en el amor, la pareja, la familia y la sociedad, con las personas nacidas los meses de mayo, agosto y noviembre, en mayor medida, y con las personas nacidas en su mismo mes, febrero, y con las personas nacidas en junio y diciembre, en menor medida.

El sistema nervioso, el cerebro y los sentidos son su complemento orgánico.

Las ciruelas y los peces complementan su alimentación.

Los lugares alejados, más no del todo aislados, pero cercanos a la naturaleza, complementan su hábitat.

Los grupos dedicados al cuidado del medioambiente complementan su ikigai personal y comunitario.

Lo que hay que evitar para que no se rompa o se pierda el ikigai, son las desilusiones de las personas y del mundo, pues hacerlo trae mala suerte.

MARZO (SANGATSU)

Para las personas nacidas en marzo las emociones, la sensibilidad, la danza y el arte conforman su ikigai personal, pero eso no impide que sean ambiciosas ni que acometan grandes viajes y grandes empresas. Para ellas el valor es interno, pero no dudan en expresarlo externamente. A menudo se equivocan engañados por su corazón, pero tienen una gran capacidad de superar o enmendar errores. Se les asocia con las personas de la liebre en el horóscopo chino, y con las persona de Piscis en la astrología occidental.

Marzo (Sangatsu), mes de las niñas y el amor

¿QUÉ DON TIENE O SABE HACER PERFECTAMENTE EL HOMBRE SANGATSU?

- La creación artística y la visión de los negocios.
- El altruismo y la ayuda desinteresada hacia los que más sufren. Por ejemplo, la psicología junto con el servicio social.
- El talento de reparar, mejorar y transformar lo descompuesto.
- La medicina y las disciplinas terapéuticas.

¿QUÉ DON TIENE O SABE HACER FABULOSAMENTE LA MUJER SANGATSU?

- Tienen un don especial para la danza y la música.
- Son hábiles tejedoras y artesanas del papel y las muñecas.
- Tienen una gran capacidad de empatía.
- Son grandes sanadoras y conocedoras de las hierbas mágicas.

COMPLEMENTARIEDAD

Las personas nacidas en el mes de marzo se complementan en el amor con las personas nacidas en septiembre y en diciembre; para los conocimientos se complementan con las personas nacidas en mayo y julio; y para la dedicación hacia con los demás, con las personas de octubre y noviembre.

Sin amor no hay ikigai para las personas nacidas en marzo, porque el amor de pareja, de familia o de comunidad les alimenta como lo hacen las cerezas y los mariscos.

El hígado, el corazón, y sobre todo las piernas y la planta de los pies son su complemente orgánico.

La cercanía de lagos, ríos o el mar son sus complementos habitacionales, por lo que les atraen las peceras y las piscinas en los ambientes urbanos.

Los grupos artísticos o dedicados a labores sociales son su complemente ikigai en comunidad.

Lo que hay que evitar para mantener en buena forma al ikigai personal, son los excesos, los despechos, los celos y la tendencia a la autodestrucción.

ABRIL (SHIGATSU)

Las personas nacidas en el mes de abril tienen fama de ser guerreras y decididas, pero a menudo se olvida que también son creativas, sensibles, cuidadosas y muy serviciales. Si bien es cierto que, a menudo, son irreflexivas y se accidentan con facilidad. Lo bueno es que con sus errores ganan experiencia, o de un mal logran un bien, y tras un golpe de mala suerte les llega otro de muy buena suerte. Se les relaciona con el dragón en la astrología china, y con aries en el zodiaco occidental, y a pesar de sus ímpetus pasionales, suelen ser una buena compañía vital o la pareja leal, más que ideal.

Shigatsu, mes de los cerezos en flor

¿QUÉ DON TIENE O SABE HACER FENOMENALMENTE EL HOMBRE SHIGATSU?

- Las artes marciales y militares.
- La ingeniería y todo tipo de servicios y arreglos.

- Los trabajos del campo en general.
- La capacidad creativa para buscar y lograr los primeros puestos.

¿QUÉ DON TIENE O SABE HACER MUY BIEN LA MUJER SHIGATSU?

- Las artesanías más originales y refinadas.
- El cultivo de las flores y las hortalizas.
- Cualquier trabajo que se considere tradicionalmente masculino.
- El don de la intuición y la capacidad de llevar la suerte y la buena fortuna a los demás.

COMPLEMENTARIEDAD

Aunque a menudo no lo parezca, las personas del mes de abril se complementan muy bien en su sentido vital de la existencia, o ikigai, con las personas nacidas en junio y en septiembre; mientras que para el amor y la pasión que les brota por los poros, su complemento se encuentra con las personas nacidas en agosto, octubre y enero.

No es raro que algunas veces se dejen llevar por la pasión, los sueños y el mundo ideal que imaginan, pero tarde o temprano aprenden a diferenciar la fantasía de la realidad.

En su dieta no deben de faltar las cerezas, así como el resto de los frutos rojos y el picante, la carne de cabra y los cereales.

Su complemento orgánico se encuentra en la cabeza, la nuca y el sistema sanguíneo y muscular.

Su ambiente ideal está en los cielos más que en las montañas, así como en los lugares considerados mágicos, marciales o de buena suerte, y, en tercer lugar, los bosques y las selvas.

Se puede decir que son personas fuertes y de suerte, pero también de tomar malas decisiones en el amor y la pareja, tanto como de perder la cabeza cuando se empeñan en algo imposible, a sabiendas de que la paciencia no es su don natural.

MAYO (GOGATSU)

Las personas Gogatsu, o nacidas el mes de mayo, pueden ser dulces como la miel, mimosas y cariñosas, sobre todo cuando están enamoradas, o terriblemente depresivas cuando se les pasa el enamoramiento, porque son flores de temporada para los asuntos emocionales, de la misma manera que son sólidas como una piedra para los asuntos materiales.

Se les relaciona con las personas Tauro en la astrología occidental, y con la Serpiente en la astrología china.

¿QUÉ DON TIENE O SABE HACER INCREÍBLEMENTE EL HOMBRE GOGATSU?

- La filosofía y la música.
- La enseñanza y el aprendizaje.
- Está especialmente dotado para las cuentas, las cosechas y el ahorro.
- La paciencia y la constancia están siempre de su lado.

¿QUÉ DON TIENE O SABE HACER FANTÁSTICAMENTE LA MUJER GOGATSU?

- La pintura y el canto.
- Atender a los enfermos de manera expeditiva, es decir, la enfermería.

- Sacar provecho de lo que parece feo, inútil o caducado, o la estética.
- Buscar la seguridad de una o de otra manera, tener o echar raíces que florezcan.

Gogatsu, mes de todas las flores

COMPLEMENTARIEDAD

Todos necesitamos de todos, y por eso las personas de mayo complementan su ikigai personal con las personas nacidas los meses de septiembre y enero; su ikigai intelectual con las personas de febrero; su ikigai emocional con las personas de noviembre; y su Ikigai material con todo el mundo.

En su dieta no deben faltar placeres culinarios ni bebidas tonificantes, así como las carnes rojas, las cerezas y las verduras. Todo producto natural de campo y granja les complementa.

Su hábitat complementario está tanto en el campo como en las construcciones elevadas y sólidas, sobre todo si en ellas consigue o goza de prestigio social.

En cuanto a su complemento orgánico y de salud, es el cuello, la garganta, las fosas nasales y la parte superior de la espalda los que le mantendrán fuerte y sano.

Eso sí, deben desprenderse de la envidia, la venganza y la posesividad para no desviarse de su verdadero ikigai, su sentido existencial de la vida diaria.

JUNIO (ROKUGATSU)

Las persona nacidas el mes de Rokugatsu, junio, tienen muchas habilidades, dones y talentos, tantos, que suelen confundirse y no atinar o no decidirse por uno en específico, y por eso también suelen cambiar radicalmente de opinión o de gustos. En la astrología occidental están emparentados con el signo de Géminis, y el la astrología china les corresponde el caballo, que dependiendo del elemento que los sustente, metal, madera, fuego, aire o agua, las hace gratas o difíciles a los ojos de los demás.

Rokugatsu, el mes de las lluvias y las hortensias

¿QUÉ DON TIENE O SABE HACER INMEJORABLEMENTE EL HOMBRE ROKUGATSU?

- Tienen talento para el comercio y las ventas.
- La comunicación es uno de sus dones.
- Son muy hábiles para encontrar soluciones y remedios.
- No se les niega ni la política ni la oratoria.

¿QUÉ DON TIENE O SABE HACER DE MARAVILLA LA MUJER ROKUGATSU?

- El campo de la salud y los medicamentos se les da especialmente bien.
- Tienen una enorme facilidad para los idiomas.
- Pueden hacer varias cosas a la vez sin fallar en los resultados, y son estupendas floristas.
- Saben ayudar a los demás sin arrogarse prestigio.

COMPLEMENTARIEDAD

Las personas de junio pueden complementarse con todos y con nadie, pues su ikigai es variable y no es raro que a medida que pasen los años cambie de dirección, más no de sentido esencial. Las personas de diciembre las complementan en su infancia y juventud; las de octubre las complementan en su madurez: y las de septiembre y febrero las complementan casi todo la vida.

Es habitual que su dieta sea variada y colorida, exótica y especiada, pero su complemento alimenticio son las aves.

Tienen un gran apego a la naturaleza y a las mascotas, pero eso no les impide gozar de lo urbano, siempre y cuando su hábitat sea limpio, amable y ordenado, pues no soportan lo zafio y mucho menos lo sucio.

Sus brazos, sus vías respiratorias y la parte izquierda de su corazón complementan su ikigai físico y orgánico.

La obsesión con la limpieza o con las posibles y latentes amenazas a su salud, pueden descentrar su ikigai y restarles calidad de vida, porque "lo blanco es lo que más fácilmente se mancha", y el exceso de cuidados puede debilitar su salud física y mental.

JULIO (SHICHIGATSU)

En el cálido mes de julio nacen las personas más intuitivas y sensibles, con un ikigai del alma, el sacrificio y la entrega, por lo que se les asimila comúnmente con el sufrimiento, las lágrimas, las penas y las luchas internas, lo que no impide que sean muy resistentes físicamente, ni que dejen de alcanzar grandes metas y reconocimientos en su vida, o que se dediquen al arte, la poesía y la bohemia.

La fuerza ikigai les nace siempre de muy dentro, pues en el verano, julio y agosto, la tradición señala que las personas queridas ya fallecidas vuelven el 7 de julio o el 7 de agosto, según la región, a reunirse brevemente con sus familiares o amores.

En el zodiaco chino, la cabra les representa, y en el occidental se les asimila al signo de Cáncer.

Julio, el mágico mes del calor y el final de las lluvias

¿Qué don tiene o sabe hacer especialmente el hombre Shichigatsu?

- Tanto ellos como ellas tienen un don especial para la cocina.
- El deporte de resistencia individual, o de conjunto y sacrificio, es su talento natural.
- Tanto la ciencia como la hechicería, el crear pócimas o medicamentos, le pertenecen desde su nacimiento.
- Cuentan con un don literario creativo, pero a veces no se atreven a ejercitarlo.

¿Qué don tiene o sabe hacer de manera proverbial la mujer Shichigatsu?

- Todo lo que esté relacionado con las bebidas y las comidas.
- Tienen una enorme capacidad de resistencia emocional.

- Son excelentes psicólogas.
- No hay madres más sacrificadas que ellas, ni mujeres más productivas.

COMPLEMENTARIEDAD

Las personas Rokugatsu femeninas suelen tener los brazos abiertos a todo el mundo, pues su alma amorosa con ello se complementa; mientras que ellos siempre tienen un punto de desconfianza y hasta envidia hacia los demás, pues su exceso de sensibilidad les juega malas pasadas. Tanto ellos como ellas se complementan con las personas nacidas en los meses de abril, julio, octubre y enero en casi todos los planos, pero en el plano emocional lo hacen con las personas de marzo, julio y noviembre, y en el plano material con las de mayo y septiembre.

En su alimentación no deben faltar los peces y los mariscos, las pastas, los frutos y los vegetales de color rojo, pero son los lácteos los que más los complementan.

Su organismo es tan sensible como resistente a todos los males, pero son las debilidades del alma y las emociones las que deben de cuidar para no desequilibrar su ikigai orgánico.

Las islas y la cercanía al mar, o a grandes ríos y lagos, fortalecen su energía vital ikigai, y la gente anciana como vecinos les equilibra, tanto como los centros de cultura o editoriales.

Deben aprender a controlar o a conocer y reconocer sus emociones, y superar los malos tragos de la vida, evitando caer en depresiones y ansiedades, y, sobre todo, nunca deben compararse con los demás, sino ser su propio espejo y dejar que su altruismo luzca y le dé brillo a su ikigai personal.

AGOSTO (HACHIGATSU)

Para las personas nacidas el mes de agosto, la buena noticia es que ya nacen con un grandioso y brillante ikigai, la mala es que no deben dejar que el ego y la vanidad lo consuma. Muchas veces el exceso de comodidades, fortuna y buena suerte, o de fuerte personalidad, se transforma en aburrimiento personal y desdén hacia los demás, o en imitar más lo malo que lo bueno de la vida y de las personas.

En el zodiaco de occidente son asimiladas al potente Leo, pero en la astrología de oriente es el mono, que en las leyendas quiso ser rey y dios, quien los representa.

No en la Okinawa del siglo VII de nuestra era, pero sí en el Japón del siglo XX, el mes de agosto es considerado un mes maligno, sobre todo el día 6 de agosto de 1945, cuando las ciudades de Hiroshima y Nagasaki sufrieron el bombardeo atómico que dio fin a la Segunda Guerra Mundial, a manos del demonio de occidente, el rey tirano y vanidoso de Norteamérica.

Hachigatsu, el mes de reunión con los familiares

¿QUÉ DON TIENE O SABE HACER PERFECTAMENTE EL HOMBRE HACHIGATSU?

- Tienen carisma natal y natural.
- Saben dirigir y gobernar.
- Su talento para el teatro, la enseñanza y la política es proverbial.
- La Diosa de la Fortuna les acompaña siempre.

¿QUÉ DON TIENE O SABE HACER DE MARAVILLA LA MUJER HACHIGATSU?

- Gozan del talento de la pintura, la escultura y la caligrafía.
- Tienen en don de brillar y de atraer las miradas.
- Son duras, pero estupendas cuidadoras de los demás.
- Su audacia y valor no tienen límites, incluso en la edad más madura.

COMPLEMENTARIEDAD

Las personas Hachigatsu, aunque muchas veces no soportan a los demás, no saben estar solas, y, por eso, se complementan casi con cualquiera, si bien es cierto que las personas nacidas en los meses de julio, septiembre, febrero y abril, son las que mejor lo hacen, tanto emocional como intelectualmente. En lo que respecta a lo material, casi todos pueden ser sus siervos, empleados, súbditos o clientes, pero recibirán mayor complementariedad, aunque sea temporal, con las personas nacidas en el mes de junio.

La caza y la pesca son los alimentos que más le complementan, pero pueden nutrir su ikigai con lo que les apetezca, desde el manjar más complicado hasta el plato más humilde.

Su ikigai orgánico es el corazón junto con la columna vertebral y los ojos, pero también deben estar pendientes de su vesícula biliar, su apéndice y su salud mental, que se desprenden y le debilitan debido a su fuerte carácter, o su impensada cobardía.

Las responsabilidades le llegarán tarde o temprano, sacándole de su zona de comodidad, y así transformando su molicie habitual en arduo trabajo, lo que le impedirá, y para su bien, caer en las tentaciones de una vida regalada, o de un falso e inflado ikigai.

SEPTIEMBRE (KUGATSU)

Las personas nacidas en Kugatsu, sobre todo los hombres, son especiales en muchos sentidos, sobre todo cuando no siguen el guion prescrito por la sociedad o la vida en común y hacen lo que mejor les parece sin dejarse dirigir ni esclavizar por nadie, a pesar de que les digan que están equivocadas y deben rendirse a la masa; mientras que las mujeres de este mes son más observadoras y pacientes, menos críticas y más trabajadoras y apegadas al sistema que les ha tocado vivir.

En el horóscopo chino es el gallo quien los representa, y en la astrología occidental se les asimila con el signo de Virgo.

¿QUÉ DON TIENE O SABE HACER DIVINAMENTE EL HOMBRE KUGATSU?

- La literatura y la poesía es un don de nacimiento.

- La crítica, la reflexión y el análisis les viene desde la infancia.
- El orden, la distribución y la organización es su ramo.
- La sensibilidad visionaria y la búsqueda de la verdad, aunque no acierten siempre.

¿QUÉ DON TIENE O SABE HACER MAGNÍFICAMENTE LA MUJER KUGATSU?

- El candor y el servicio a los demás le viene en las venas.
- Nadie es capaz de trabajar o ejercitarse tanto como ella.
- La humildad y la paciencia están entre sus talentos, pero sabe ser exigente.
- Nació para aprender, aunque a veces le cueste.

Kugatsu, el mes de las largas noches

COMPLEMENTARIEDAD

Las personas Kugatsu de sexo masculino son capaces de vivir en completa soledad sin que les pese, por lo que suelen creer que no necesitan complemento alguno; sin embargo, no pueden evitar que el dragón (abril) y el tigre (febrero) se sumen a su ikigai y lo completen y complementen, tanto emocional como intelectualmente; las mujeres Kugatsu, por el contrario, son soñadoras, sociables y amistosas, con amor platónico o pasional, que se complementa con las personas de enero (buey) y el mismo septiembre (gallo). En el plano material, ambos se complementan con la rata (diciembre) y la liebre (marzo).

Sus alimentos suelen ser sanos y frugales, frutas frescas, verduras sin cocer, frutos secos y cereales, aunque a menudo pecan de exceso de dulces, postres y golosinas a pesar de no ser lo mejor para su salud.

La paz y la tranquilidad son su mejor ikigai aliado en cuanto a vivienda. Ellas prefieren lo urbano y el movimiento, y ellos se decantan por lo lejano y la quietud; pero ambos se adaptan bien a cualquier entorno.

Todo el aparato digestivo y las lumbares complementan su energía ikigai física, y son personas muy sanas y duraderas, aunque pueden desarrollar males crónicos como la diabetes, y diversos achaques en la senectud.

Las obsesiones son su punto débil, tanto optimistas como pesimistas, porque de una o de otra manera truncan sus expectativas y maltratan su ikigai personal. Todo aquello que no pueden controlar les frustra.

OCTUBRE (JUUGATSU)

No hay duda que las personas nacidas en octubre están tocadas por la belleza, tanto interior como exteriormente, lo que puede ser una dicha o una desgracia, pues no suelen contar con la seguridad necesaria para moverse en entornos poco estéticos, y su atractivo juega en contra de sus relaciones amorosas y pasionales.

Para el horóscopo chino son perro, y para el occidental son Libra, lo que habla de lealtad y balance, lo mismo que de su rabia y sus desequilibrios, que se manifiestan en los momentos menos oportunos y contra menos lo merecen.

Ellos son capaces de desarmar y desmantelar un edificio entero, y ellas son capaces de reconstruirlo del todo, pieza a pieza.

Octubre, mes de la madura belleza de los árboles

¿QUÉ DON TIENE O SABE HACER EL HOMBRE JUUGATSU?

- La justicia y lo social son sus talentos principales.

- El equilibrio y la estética son sus dones naturales.
- Los cultivos y las cosechas vienen en su sangre.
- También están especialmente dotados para moldearlo y embellecerlo todo, por lo que pueden ser estupendos constructores y arquitectos.

¿QUÉ DON TIENE O SABE HACER LA MUJER JUUGATSU?

- La belleza es su especialidad, tanto propia e interna, como ajena y externa.
- Tienen una mente matemática muy apta para el cálculo.
- Manifiestan una gran capacidad de observación y creatividad espontánea.
- Controlan y dirigen sus pasiones y sus emociones como nadie.

COMPLEMENTARIEDAD

Capaces de armar el más difícil de los rompecabezas, las personas nacidas el mes de octubre se complementan y rompen con muchas personas. Por ejemplo, pueden depender de las personas nacidas en febrero y enamorarse de las personas nacidas en abril, haciéndose todo tipo de expectativas con ellas que no llegan a durar demasiado; pero su verdadero némesis que las integra y las desbarata, son las personas nacidas en septiembre, a las que pueden odiar o admirar tras una sola palabra. Por lo demás, se pueden complementar con casi todo el mundo, sobre todo de manera superficial, pues su encanto personal les abre casi todas las puertas.

Sus alimentos deben ser finos y exquisitos, muy bien presentados y no repetirse demasiado, donde los caprichos y los antojos son constantes, lo mismo que los desagrados.

Su ikigai orgánico es elástico, fuerte, hábil y resistente, que se complementa muy bien con el cuidado de los riñones y las vías urinarias, por lo que deben evitar los momentos de ira y resentimiento que a menudo les nacen de la bilis o de la parte oscura del alma.

Aunque no se den cuenta, cualquier entorno de belleza estética les cura el alma y favorece su ikigai personal, y, si hay flores, frutales o jardines alrededor, tanto como buenas viandas, su ánimo se mantiene en calma.

Tienden a equivocarse una y otra vez en las cuestiones sentimentales, como amar eternamente a alguien que los traiciona o no les corresponde, y suelen tropezar con la misma piedra, o piedras similares, una y otra vez a lo largo de su vida, creyendo que, de esa manera, alcanzan el ikigai perfecto, despreciando sin saberlo a las personas que le aman sinceramente. El equilibrio y la sensatez de la madurez se consigue sí logran darle un ikigai complementario y completo.

NOVIEMBRE (JUUICHIGATSU)

Entramos en la zona nocturna o madura del ikigai, donde hasta los muertos y los yokai (fantasmas, monstruos o demonios) son un sentido de la existencia, por lo que las personas nacidas en este mes del año (*juuichigatsu*) son mágicas, misteriosas y muy profundas desde el mismo día de su nacimiento, con dones especiales y el alma muy cercana a lo insondable, y a veces a lo más duro de la existencia, como lo es la muerte y la guerra.

Lo que se va no siempre se va, y lo que se queda no siempre se queda.

Hay quien vive a pesar de morir, y hay quien apenas existe estando vivo.

En la astrología de occidente son Escorpio, y en la china son jabalí o cerdo negro.

Noviembre, mes de la desnudez de los árboles

¿QUÉ DON TIENE O SABE HACER EL HOMBRE JUUICHIGATSU?

- Las artes militares, la disciplina férrea y la guerra son sus dones.
- Pero también están dotados para el dibujo y el arte en general.
- Tienen talento para las ciencias ocultas y la imaginación desmedida.
- Manifiestan una habilidad especial para las minas y para las piedras.

¿QUÉ DON TIENE O SABE HACER LA MUJER JUUICHIGATSU?

- Son brujas, hechiceras o curanderas naturales.
- Gozan del don de la química y la alquimia.
- Son estupendas maestras, policías, espías y guerreras.
- Los talentos del secreto y la discreción va con ellas.

COMPLEMENTARIEDAD

Los hombres de noviembre a menudo se complementan con sus propias fantasías, creencias o hasta mitomanía, sobre todo en lo que a sexualidad, amores, pasiones e imaginaciones desveladas respecta, pero a la vez lo hacen con el arte, la tenacidad, la lucha y la rebeldía; mientas que ellas se complementan con el deber y el hacer, la discreción, el sacrificio y la valentía.

En ambos casos, se complementan con las personas nacidas en mayo, septiembre y enero, sobre todo en lo emocional y en lo familiar; con las nacidas en marzo y en julio para lo misterioso, o, paradójicamente, para lo racional; y en el plano material especialmente con las personas de febrero y octubre.

Su alimento ikigai son los mariscos, aunque en su infancia puede ser alérgica a ellos; las verduras cocidas, lo cereales ricos en fibra, los lácteos fermentados y los arándanos, pero puede comer de todo y encontrar el equilibrio energético.

Para vivir cualquier lugar es bueno, pero está mejor en las montañas, entre las piedras o hasta en el desierto, que cerca del agua, un peligro para su ikigai externo.

Los órganos sexuales, el coxis, las piernas y el sistema linfático son sus puntos de ikigai energético.

Ellos sueñan y fantasean, ellas cumplen y se sacrifican si hace falta, pero en ambos casos las ciencias secretas, mágicas o físicas, e incluso el arte y el esoterismo les complementan su ikigai personal.

Más que las enfermedades físicas, debe evitar accidentes y riesgos, violencias y conflictos, enfrentamientos y caminos oscuros, y, sobre todo, las tormentas, los mares profundos y los ríos revueltos, así como toda clase de tóxicos y venenos, porque la tradición ikigai señala que las personas nacidas en noviembre siempre traen a la muerte muy cercana y presta para llevarlos al próximo plano: no busques lo que vendrá por sí solo en cualquier momento.

Diciembre (Juunigatsu)

Tradicionalmente, diciembre es un mes de preparación para el Año Nuevo en Japón, así como un mes de guardar, preservar y mantener el calor de hogar y del propio ikigai, más que un mes de celebraciones, luces al estilo occidental y una Navidad donde no se conoce nada del cristianismo, pero que ha adoptado el comercio y los regalos.

Diciembre era un mes para viajar a lugares más cálidos, como al mismo sur de Japón, donde se encuentra Okinawa, o más lejos aún; así como para estudiar y aprender idiomas y culturas extranjeras, e incluso para emprender negocios tanto en Japón como en países lejanos, pero casi todos orientales hasta el siglo XIX de nuestra era, de manera que, estos valores se han incorporado a las personas nacidas en diciembre, antes gente de guardar y reflexionar, y ahora de emprender, relacionada con los signos de sagitario en occidente, y de la astuta y afortunada rata en oriente.

Diciembre, mes de los fríos y las nieves

¿QUÉ DON TIENE O SABE HACER BIEN EL HOMBRE JUUNIGATSU?

- Tiene el don de la astucia y la supervivencia.
- Expresa el talento de juzgar y dirigir como funcionario o monje ideal.
- Está dotado con el don de los viajes y la expansión comercial y empresarial.
- El ahorro y la prudencia le vienen por naturaleza.

¿QUÉ DON TIENE O SABE HACER MUY BIEN LA MUJER JUUNIGATSU?

- Tiene el don de la previsión y el ahorro, aunque no lo parezca.

- El talento de la visión y las artes ocultas.
- Suele ser la secretaria, consejera o funcionaria ideal.
- Es romántica y soñadora, pero a la vez ambiciosa y con los pies en tierra.

COMPLEMENTARIEDAD

La independencia y la libertad son esenciales para las personas nacidas el mes de diciembre, por lo que, a veces, parece que no necesitan de nada ni de nadie para complementarse, aunque la verdad sea que necesitan de todo el mundo para conseguir sus objetivos, sobre todo de las personas nacidas el mes de marzo y septiembre, y, en menor medida, con las nacidas en julio y enero, y hasta de las nacidas en abril o mayo, aunque solo sea para conservar su espíritu de lucha y reafirmación de su ikigai.

Las personas de diciembre necesitan alimentar tanto el alma como el cuerpo, pero con mesura para no caer en la obesidad o crecimiento irregular en ciertas zonas del cuerpo como son las caderas y los glúteos.

Su cuerpo ikigai está regido por el sistema muscular y sanguíneo, y por los sentidos de vista, oído y olfato, aunque también el hígado y el sistema endocrino juegan un papel importante, pues repercuten en su sistema digestivo y en sus emociones y obsesiones, como la tacañería y la desconfianza.

Su hábitat está en el mundo entero, favoreciendo su ikigai interno la cercanía a templos o lugares de culto, entre bosques y montañas.

Su debilidad es la contención excesiva y el miedo a enfermedades, que afectan más a su salud mental que a su vida material, ya que en lo material son de las personas más afortunadas en este mundo, aunque a menudo ignoran que compartir es mejor que atesorar.

Por otra parte, complementan su ikigai personal con una vida espiritual, generosa y dadivosa, cuidando de no caer en dogmas, doctrinas o fanatismo, que suelen arruinar y romper cualquier ikigai por elevado que parezca.

ENERO (ICHIGATSU)

Dependiendo de la zona y de los calendarios solar y lunar, en las islas niponas se celebran dos años nuevos, además de todas las fiestas orientales y occidentales a los que son afectos, pues el ikigai japonés es de celebración constante, junto con una ética de trabajo proverbial, por lo que trabajan y se divierten más que nadie, como lo hacen las personas nacidas este mes de enero.

Las personas Ichigatsu son las que cambian el mundo, las que acompañan a las almas en el más allá, las que se imponen retos y siempre quieren algo más de la experiencia vital y existencial, por lo que realizan todo tipo de tareas de manera eficiente y eficaz, relacionadas con Capricornio en la astrología occidental, y con el buey en el horóscopo chino.

A veces van contra corriente, y en ocasiones echan raíces inamovibles, con la vista puesta en el futuro, pero sin apartarse de la fuente de sus tradiciones.

¿QUÉ DON TIENE O SABE HACER BIEN O MUY BIEN EL HOMBRE ICHIGATSU?

- Escalar posiciones en todos los ámbitos.

- Innovar en las artes y las ciencias, en la construcción y aprovechamiento de recursos, es su don natural.
- Tienen talento para todo lo relacionado con el más allá, desde los entierros hasta la limpieza y depuración de las almas.
- Alcanzar las metas materiales que nadie ha alcanzado es su ikigai preferido.

¿Qué don tiene o sabe hacer excelentemente la mujer Ichigatsu?

- Promover a los demás.
- Sanar heridas del cuerpo y del alma.
- Perseguir y lograr tanto lo prohibido como lo reglado.
- Acompañar a las almas que terminan su ciclo vital.

Ichigatsu, el eterno Año Nuevo

Complementariedad

Entre la ayuda y la competencia, se complementan de maravilla con las personas nacidas los meses de diciembre y febrero; emocional y sentimentalmente lo hacen con las personas nacidas los meses de mayo, julio y septiembre; en el plano intelectual y, aunque a veces no son de su gusto, con las personas de marzo, agosto y octubre; y para el descubrimiento, la suerte y la fortuna, con las personas de junio, abril, noviembre y el mismo enero.

En resumen, se complementan con todas y cada una de las personas de este mundo y, a veces, del otro, pues marcan el principio y el fin de la experiencia vital que es esencia de su ikigai personal; y a pesar de ello no parecen ser muy sociables ni sensibles, aunque lo son profundamente.

Su alimentación es más variada que rica, pues a menudo olvidan que los alimentos que contienen calcio y hierro son los que mejor se complementan con su ikigai físico, junto con las verduras frescas que les procuren un buen sueño.

Son personas fuertes y duras desde su nacimiento, capaces de todo a pesar de los impedimentos físicos, psíquicos o sociales, con el tejido óseo y cartilaginoso como base. Tienen, junto a las personas de abril, cierta tendencia a todo tipo de accidentes, desde los más tontos y sencillos, hasta los más graves.

Curiosamente, su generosidad puede jugarles malas pasadas, pero no les importa, porque saben que pueden recuperar tanto lo dado, lo prestado, como lo perdido.

Interiormente, intuyen que lo malo y lo bueno de este mundo carece de la menor importancia en las próximas experiencias existenciales, porque el ikigai y sentido de esta vida es simple y llanamente vivir día a día.

Cada persona nace con una serie de dones y talentos, pero también con ciertas tendencias que los alejan del ikigai personal, tanto como del ikigai colectivo, los cuales no se pierden nunca para siempre, pues se pueden recuperar y rectificar con la luz de un nuevo día, porque cada día es un nacimiento y tiene su propio sentido vital de la existencia en este plano.

IV
¿QUÉ ES LO QUE DEBES HACER POR TI Y PARA EL MUNDO ENTERO?

Si todo lo que haces para ti
es bueno y productivo
para los demás,
no lo dudes,
vivirás satisfecho
y tendrás un poderoso ikigai,
pues ese es el ikigai
de todo el universo.
MAESTRO WANG

Como diría Zenón, el padre del estoicismo, "lo que es bueno para la colmena es bueno para la abeja", y viceversa.

Hay que hacer el bien sin mirar a quién, sin esperar reconocimientos ni recompensas materiales o egoicas, porque no hay que confundir el bien común con doctrinas y manipulaciones, y mucho menos con la vanidad y la espera de crédito por haberlo hecho.

No es fácil saber exactamente lo que es el bien, y mucho menos cuando se trata del bien común, porque tanto la educación como las creencias, los prejuicios y lo que nos han enseñado de niños, pueden tener sesgos y tendencias que nada tienen que ver con el bien.

Hay alarmismos, mentiras, tendencias, creencias religiosas e ideológicas que están muy bien vestidas y publicitadas, que nos pueden hacer pensar que estamos haciendo el bien para nosotros y para los demás, cuando simplemente estamos repitiendo y difundiendo una idea que es buena solo para sus promotores, y que en nada nos ayuda ni beneficia a nosotros y a los que nos rodean.

El bien, en general, y el bien común en particular, debe basarse en la verdad, la realidad de los hechos, la honestidad, la sencillez y la humildad.

Ir a la guerra para matar al enemigo, saquearlo, esclavizarlo, engañarlo, violarlo e imponerle nuestras ideas y nuestro criterio, nuestra cultura, nuestra religión y nuestras tradiciones, no es hacer el bien aunque nuestro pueblo y nuestros dirigentes algo, o mucho, ganen con ello.

Lo que es bueno para uno,
no siempre es bueno para los demás.

Si el Shogun está bien, no necesariamente el pueblo también lo está.

Medrar personal o en conjunto, no es hacer el bien y tampoco es lo que el mundo necesita de ti.

El mundo nos necesita mucho más de lo que suponemos, de la misma manera que nosotros necesitamos del mundo, tanto de las personas como de la naturaleza.

El mundo nos da sentido de existencia vital cada segundo, y nosotros, lo mismo que la partícula más elemental, le damos sentido existencial y vital al mundo, e incluso al universo entero.

Somos parte esencial del funcionamiento del cosmos, como el cosmos es parte esencial de nuestro funcionamiento.

En buena medida, nuestro sentido existencial es parte del sentido existencial del todo.

No es vanidad, ni debe serlo, simplemente es así, porque nuestro ser y nuestro cuerpo están hechos de polvo de estrellas, y volverán a ser estrellas dentro de algún tiempo, quizá miles de millones de años, pero volverán a serlo.

EL IKIGAI DEL AISLAMIENTO

Uno de los tópicos más difundidos sobre Japón es su proverbial aislamiento (*sakoku*), siglos enteros en los que no tuvieron contacto con el continente asiático y mucho menos con Medio Oriente, India u Occidente, aunque con América, aún no "descubierta" por los europeos, hay claras señales de comunicación y entendimiento, sobre todo con lo que conocemos como Perú desde hace miles de años.

El aislamiento real no fue nunca milenario, aunque sí centenario, entre 1639 con el shogunato Tokugawa, hasta 1853 cuando Japón abrió sus puertas firmando el tratado Kanagawa con los Estados Unidos de Norteamérica.

Mucho antes de eso y hasta del siglo VIII de nuestra era, el aislamiento no era una cuestión legal ni de tratados internacionales, sino una cuestión geográfica, con pocas islas niponas abiertas tímidamente al mundo, y otras del todo cerradas pues no tenían nada que vender o comprar, con una autosuficiencia algo parca, pero autosuficiencia al fin y al cabo.

El ikigai nace en una época donde Okinawa miraba más hacia dentro de su propia isla, que hacia las otras islas japonesas, y mucho menos más allá de sus fronteras, pues el mundo entero y los únicos seres humanos eran precisamente los habitantes de la isla, y nadie más.

En este contexto de aislamiento, el sentido vital de la existencia se reduce y enriquece en lo más sencillo y cotidiano, en el amar, comer y respirar cada día tras levantarse junto con el sol cada amanecer, y nada más.

Un hikikomori anterior al actual, un aislamiento antiguo que quizá explique el aislamiento de la juventud japonesa actual.

El individuo y su entorno más próximo, nada más, donde tener deseos, dones, obligaciones y formas productivas de vida para comer todos lo días, se centraba en el ser y el estar desde el nacimiento hasta la muerte.

Los matrimonios no eran obligados, pero casi todo el mundo tomaba pareja y formaba familia, y el cariño y su correspondencia se daban con facilidad, pues no había pecados ni tabús sexuales a perseguir o reprimir.

Los sueños, los gustos y lo deseos eran simples, como una buena comida, una buena caza, una buena pesca o una excelente recolección, o disfrutar una tarde de las montañas o del agua fresca de los ríos, sin que la ambición, la riqueza o las ansias de poder intervinieran.

Las obligaciones y responsabilidades para con la familia y los vecinos se circunscribía a la ayuda y respeto mutuos, sin envidias, conflictos o enfrentamientos, porque no había nada que envidiar.

El aislamiento del interno

La vida era bucólica y campesina, marinera y pescadora, artesana y sencilla, y las aventuras eran las leyendas que contaban los abuelos. No les faltaba la música, las fiestas y la danza que habían heredado de la cultura china, y si bien dibujaban, construían y pintaban, no conocían las letras ni la escritura.

Su ikigai era del todo interno, y se estaba vivo a sabiendas que era un ciclo que terminaba con la llegada de la muerte, sin mayores miedos ni preocupaciones.

Ese ikigai interno no era un aislamiento provocado por temores a lo externo, sino un sentido vital de la existencia práctico y sencillo, que proponen tantas y tantas religiones y pensamientos mágicos y esotéricos en el mundo entero, un deseo interno de volver al hogar espiritual y de reinstaurar el paraíso perdido.

Tener un ikigai interno no se trataba de excluir a los vecinos, a la pareja, a los hijos o a los animales, ni una forma de alejar al mal y a los yokai, porque se daba de forma natural, y cada persona, animal o cosa tenía el suyo.

Una isla dentro de una isla, que, por separada que esté de otras islas, sabe que están ahí, las reconoce, las respeta y comparte su ikigai interno con ellas.

EL IKIGAI EXTERNO

Cuando el ikigai interno se expresa, de una o de otra manera, es inevitable que se convierta en un ikigai externo que se comparte con un grupo en especial, e incluso con el mundo y el universo enteros.

El ikigai externo nos une con el resto de los seres, las cosas y los espíritus, es decir, le da un sentido vital y existencial a todo lo que existe, incluso en los conflictos y desavenencias entre las partes o los ikigai internos.

El sentido vital de la existencia es vivir, ser y estar, experimentar, gozar y tal vez sufrir, tanto interior como exteriormente, y se gana mucha paz, amor y tranquilidad cuando lo reconocemos dentro y fuera de nosotros, porque de ese reconocimiento nacen el respeto y el entendimiento.

A pesar de los pesares, de las guerras, las codicias, las envidias, las venganzas y las ansias de poder y medrar, todos y cada uno de nosotros tenemos el mismo ikigai de ser, estar y vivir, algo que podemos perfectamente compartir día a día y cara a cara, el resto son ganas de pasarlo mal bajo la premisa de las falsas creencias, absurda vanidad y atolondrado ego.

No se trata de ser absurdamente ingenuo en la bondad y en el acto de dar y recibir, de tener o no tener, sino de la justicia más elemental de reconocer y respetar que tenemos un ikigai común, un sentido vital y existencial de ser y estar en este mundo, en este planeta y en este universo.

La vida es tan corta y tan larga como este día, no hay nada más, por tanto no hay necesidad de desperdiciarla con intereses, odios y rencores, creyendo que somos una isla aislada que no le debe ni necesita nada de los demás ikigai.

No se trata de ideologías, creencias o religiones, de más o de menos, de jerarquías o de color de piel y región geográfica, sino de reconocimiento y respeto, porque, en el fondo y en la superficie, el ikigai, el sentido literal de la vida, es el mismo para todos.

"Reconócete y respétate a ti mismo, de la misma manera que reconoces y respetas a los demás".

LO QUE EL MUNDO NECESITA DE TI

Lo que el mundo necesita de ti, es lo mismo que tú necesitas del mundo: amor, aceptación, cariño, alimento, empatía y armonía, lo mismo que una actividad que te mantenga sano y te dé de comer cada día:

- Que nazcas cada día en todas las edades y etapas de tu vida.
- Que crezcas, evoluciones y te desarrolles.
- Que te reproduzcas y mantengas viva la especie.
- Que dejes este plano con el alma satisfecha.
- Que inicies.
- Que actives.
- Que decidas y elijas.

- Que te equivoques y rectifiques.
- Que produzcas.
- Que siembres.
- Que cultives.
- Que administres y prevengas.
- Que aprendas y que enseñes.
- Que comuniques y escuches.
- Que ames de todas las formas posibles.
- Que resistas los sinsabores y vaivenes de la vida.
- Que te emociones y que sientas manteniendo los pies sobre la tierra.
- Que brilles personalmente y alumbres a los demás.
- Que dirijas y reines sobre tu existencia.
- Que sirvas y atiendas.
- Que te dejes querer y ser atendido.
- Que cantes y escribas poemas que alimenten el alma.
- Que sueñes y desees.
- Que equilibres y embellezcas.
- Que conozcas el verdadero valor de la verdadera justicia.
- Que reflexiones y que pienses de manera crítica.
- Que dudes de todo y busques y encuentres el porqué de la vida.
- Que camines con seguridad y sin temores.
- Que inventes y descubras.
- Que repares y construyas.
- Que luches cada día.
- Que descanses y disfrutes sin rendirte nunca.
- Que profundices en los matices de tu alma.

- Que analices todo lo que te rodea, tanto lo mágico como lo físico.
- Que emprendas.
- Que viajes y conozcas mundo y culturas.
- Que ayudes a quienes lo necesitan.
- Que te dejes ayudar cuando así proceda.
- Que des las gracias todos los días por las maravillas de la vida y la existencia.
- Que seas libre e independiente sin negar a los tuyos ni tu procedencia.
- Que seas autosuficiente.
- Que no le temas a la soledad, y que reflexiones sabiamente con ella.
- Que protejas a tus semejantes.
- Que te muevas.
- Que actúes.
- Que proyectes.
- Que te atrevas.
- Que subas a lo más alto y te mantengas buscando siempre nuevas metas.
- Que acompañes a los que están y cuides de los que se han ido.
- Que seas aprendiz y maestro en esta vida.
- Que dejes volar tu mente a otros mundos.
- Que diseñes siempre un mundo mejor.
- Que revoluciones no para reinar, sino para caminar por el sendero correcto.
- Que vivas plenamente cada día de tu existencia.
- Que bailes y que dances.
- Que no busques fuera lo que llevas dentro.
- Que te des cuenta de lo que es la vida sin sufrir por ello.

- Que abras las puertas de la mente, el alma y el cuerpo, tanto para expresar tu ikigai como para que entre aire fresco.

Cualquier cosa que hagas, sientas, digas o pienses influye en el mundo entero, desde el acto más sencillo hasta el que merezca un gran reconocimiento por parte de los demás, haciendo ruido o en silencio, pues el mundo necesita de ti, tanto como tú necesitas del mundo, pues es tu hogar actual.

La vida es magia pura, y tú eres la piedra de toque, el pilar del mundo, y no por egoísmo o pura soberbia y vanidad, sino por el simple hecho de ser y de estar, de vivir y existir en este universo, donde todos necesitan de todos, desde la partícula más pequeña y elemental, hasta la galaxia más enorme y la estrella más lejana.

Que estés ahora y aquí es un verdadero milagro, un privilegio, no lo dudes, así que vive y actúa lo mejor posible, porque de tu manera de vivir se desprenderán otras historias y otros nacimientos.

El mundo necesita de ti por el simple hecho de tu presencia.

El resto no tiene la mayor importancia, porque el mundo y sus leyes, sus tradiciones y sociedades, sus novedades y sus inventos, se encargarán de llenarte de distracciones, tentaciones, mentiras, falsos sueños, diversiones y placeres, teorías y conocimientos, verdades a medias o enteras, y toda clase de absurdas mentiras y falsas e interesadas expectativas.

El mundo y la vida son amplios y diversos, hay miles de cosas que ni siquiera llegarás a conocer ni a padecer, a palpar y a disfrutar, así que no te preocupes por ello y céntrate en tu ikigai básico y simple, que consiste en vivir y ser y estar en este mundo, nada más.

Siempre haces algo aunque nunca hagas nada

Según la doctrina Zen, y parte del existencialismo occidental, incluso sin hacer nada ya estás haciendo algo por ti y por este mundo, pues es realmente imposible no hacer absolutamente nada.

No importa lo quieto que estés o lo aislada que te encuentres, pues tus células seguirán trabajando y tus virus y bacterias viviendo, influyendo en el universo entero sin que tú hagas nada de nada consciente o inconscientemente.

Por supuesto, y si así lo deseas o sientes el llamado interior a hacerlo, puedes dedicar tu vida, o parte de ella, a la ecología, a prevenir el cambio climático, a salvar a los niños del hambre, a cuidar a los niños de la guerra, a cuidar a los ancianos, a luchar por la igualdad de las mujeres, a proveer a los desamparados, a redimir a los presos, a la alimentación sana que no mate para que comamos, y a todo lo que se te ocurra, pero sin perder tu ikigai personal, tu libertad y tu independencia de ser y pensar, es decir, sin caer en fanatismos violentos o en proselitismos interesados que se enriquecen con el pretexto emocional de salvar a los demás.

El deseo de salvar al mundo

Que la emoción no nuble la razón, porque el mundo ya tiene a mucha gente buena y sensible engañada o reclutada, y no tiene ninguna necesidad de ello.

Y si salvar al mundo pasa por donaciones que se pierden en las manos equivocadas y no llegan a los afectados, peor aún, pues con ello se mata al ikigai de la confianza.

¿Qué necesita entonces el mundo de ti? Que seas lo más congruente posible, sano y positivo, humilde y sencillo, mientras te encuentres vivo y activo en este plano.

Nada más y nada menos, pues el ikigai, el sentido de la vida, es de lo más simple y sencillo: nacer, crecer, reproducirse, evolucionar, vivir, y luego morir feliz, tranquilo y satisfecho.

Por descontado, para aquello que son nuestras necesidades físicas y fisiológicas, el ikigai tradicional nos recuerda que debemos tener una actividad que nos dé de comer y un lugar dónde dormir con tranquilidad, es decir, una actividad económica productiva, porque la naturaleza de este mundo es física y material, hermosa y terrible a la vez, y todos los seres vivos comen y son comidos. Nosotros, que nos creemos en la cúspide de la cadena alimentaria, daremos nuestro cuerpo como alimento a las plantas, las cenizas, el fuego o a los caníbales y a los carroñeros, incluidos larvas, gusanos e insectos.

Por tanto, algo tendremos que hacer para mantenernos vivos personalmente, sin olvidar que si tenemos mascotas o familia, deberemos redoblar el esfuerzo.

V
¿CUÁNDO MERECES UNA RECOMPENSA POR LO QUE ERES Y POR LO QUE HACES?

No todo es espíritu
en esta vida,
tampoco fortuna y dinero,
o la vanidad del prestigio
y los atropellos del poder,
pero todos comemos
y debemos hacer
algo para comer.
PROVERBIO SINTOÍSTA

No lo dudes ni un instante, siempre mereces una recompensa por lo que haces, porque también crearás una consecuencia.

Nadie tiene la culpa de nacer rico y en abundancia. Tampoco de nacer pobre y con hambre eterna. Hay quien nace dragón o tigre. Hay quien nace gusano o gacela.

Pero todos tienen que actuar para sobrevivir, incluso los potentados, que aparentan tener mucho, pero la realidad es que solo tienen el tiempo que van a estar en este mundo, y un cuerpo que envejece y enferma, además del temor constante a perderlo.

"Es más fácil que un potentado caiga a que un siervo se eleva", nos dice la doctrina práctica y realista del ikigai, entre otras cosas, porque los potentados son pocos y luchan entre ellos para medrar y seguir teniendo beneficios y poder a costa de los siervos, mientras que los siervos son muchos.

En Okinawa en particular y en el resto de las islas niponas en general, las diferencias sociales y económicas son escasas, ya que si bien había emperadores, su poder e influencia era más suntuaria y legendaria que activa sobre los pueblos.

La dinastía Han, que duró cuatro siglos, del VIII al XII de nuestra era, destacó más por lo cultural que por la obtención de recursos, impuestos u opresiones al pueblo, dando lugar a la aparición de la escritura y al desarrollo de las artes, y al ikigai, una filosofía de la vida y la existencia que marcó el carácter nipón, un carácter que se mantiene hasta nuestros días.

Por gracia o por desgracia, también aparece el primer shogunato, el Kamakura, a principios del siglo XII, para ocupar parcelas de poder que la corona no ocupaba, con lo que apareció la guerra, el hambre, los abusos, las represiones, las persecuciones y todo tipo de héroes que actualmente aparecen en el manga y en el anime, samuráis y ninjas, y hasta la venerada y temida yakuza.

Shogun Tokugawa

El último shogunato fue el Tokugawa, uno de los más terribles durante algo más de dos siglos (del siglo XVII al siglo XIX), pero también el que abrió las puertas de Japón al mundo, más por presión bélica internacional que por gusto, con lo que se dio paso a la restauración imperial que continúa hasta hoy, y que tan venerada es por los japoneses a pesar de todos sus errores, porque es más benévola que los shogunatos anteriores.

¿QUÉ ES UN SHOGUNATO?

En pocas palabras, un shogunato es el gobierno militar federal, con una estructura piramidal que encabeza un señor feudal, el shogun, quien se adueña de vidas y haciendas a base de violencia e imposición, mediante un ejército regular pagado, los samuráis.

Con los shogunatos repartidos por las islas niponas, la figura de emperadores y emperatrices queda en segundo plano, sin poder real y solo suntuario, por más que el vulgo los siga adorando y los señores shogun les mantengan sus privilegios y les paguen por figurar y ser admirados religiosamente por el pueblo.

En este nuevo contexto, la palabra clave es "pagar", tanto con prebendas como con joyas, tierras, bienes y dinero, un dinero que hasta la llegada del shogunato no había tenido la menor importancia, pues tenerlo o no tenerlo dentro de una isla no enriquecía ni empobrecía a nadie.

En otras partes del mundo, el dinero ya había pervertido las relaciones económicas y de poder en medio mundo desde el siglo VII antes de nuestra era, pero en Japón era toda una novedad, pues las transacciones comerciales no eran muy internacionales que digamos, y en los pueblos los intercambios estaban basados en el trueque, las alianzas familiares y la palabra, cuando los había, ya que muchos de ellos era prácticamente autosuficientes y no necesitaban intercambiar nada, aunque lo hacían en casos específicos y determinados.

El shogunato, con la ambición y codicia de los señores shogun y sus militares, cambió para siempre el sistema económico y social de las islas niponas, y el campesino que antes labraba las tierras comunales, ahora tenía que labrarlas para un shogun o para un samuray encumbrado.

Ahora nada era realmente suyo, y por tanto tenía que pagarlo, venderlo o comprarlo, tanto con monedas y papeles de colores, como con su trabajo, un trabajo para siempre y de por vida que se heredaba de padres a hijos durante siglos, con unas fronteras naturales, las propias islas, que impedían tanto escapar como recibir a nuevos súbditos, comerciantes o simplemente extranjeros.

Un sistema feudal cerrado y encerrado, para provecho de los señores shogunes y sus militares adiestrados y pagados, generación tras generación, con unos emperadores, también pagados, que servían de contención social y decoración.

Con la apertura y la Restauración Meiji, que devolvía el poder real y militar al emperador, Japón se impuso la tarea de renovarse en todo, a menudo copiando y mejorando lo que veía en el extranjero, pero sin perder la esencia de sus tradiciones, entre ellas el sentido vital y existencial del ikigai.

Tecnología, progreso y poder militar, tanto como las artes y la ciencia, la evolución social y el desarrollo industrial, se volvieron formas de vivir y de pagar, en un capitalismo que iba más allá del capitalismo occidental, y con una población con alma feudal que se entregaba a sus patrones de por vida a cambio de un salario.

En España, por ejemplo, un trabajo para toda la vida es deseable para la mayoría de sus habitantes, pero además del pago mensual, ese trabajo para toda la vida promete vacaciones y una pensión al finalizar la etapa productiva, mientras que en Japón las vacaciones son escasas, no de cada año, sino muy a menudo de una sola vez en la vida, en muchos casos sin pensión o con una tan reducida que obliga a trabajar hasta el día de su muerte a una gran mayoría, la que curiosamente prefiere seguir trabajando hasta el final, pues lo consideran un honor y una necesidad económica y social que les da crédito y un lugar en la vida.

Casi nueve millones de japoneses siguen trabajando con más de ochenta años de edad, prácticamente en todos los sectores productivos.

Incluso a los 100 años es un honor seguir trabajando

COBRAR Y PAGAR, PAGAR Y COBRAR

Japón ha cambiado mucho en los últimos dos siglos, y la modernidad y la tecnología avanzan más que en cualquier otro país del orbe, una verdadera maravilla que llena de orgullo a los japoneses, donde todos cobran por lo que hacen, e incluso a menudo por lo que no hacen, pues hay subsidios y apoyos para muchas actividades que no son industriales ni comerciales.

En la actualidad, hay fábricas e industrias japonesas por todo el orbe, con asentamientos urbanos, comercios, entretenimiento y centros de estudio exclusivos para japoneses, que apenas se dejan ver en el país de acogida.

Los pocos pensionistas que hay, generalmente, laboraron en grandes empresas y tuvieron puestos ejecutivos importantes, durante muchos años escogieron Australia para vivir sus últimos días, pero actualmente se asientan en cualquier país donde haya presencia industrial japonesa, y aunque estén jubilados, es muy probable que continúen cobrando como asesores o instructores de esas grandes compañías, y no es que desprecien el descanso, sino que prefieren mantenerse activos hasta el último día.

Por otra parte, la sociedad japonesa parece ser una de las más consumistas del mundo, junto con la coreana y más recientemente la china, tanto o más que la de los Estados Unidos de Norteamérica. Hay mucho que innovar y producir, pero también que consumir.

Amar lo que haces

Sí, no está nada mal amar lo que haces y en lo que trabajas para ganarte la vida, como recomiendan los estoicos desde hace más de dos mil años, el problema es que las ofertas laborales pocas veces se ajustan al deseo o gusto de los trabajadores, por lo que en muchas ocasiones, un abogado, arquitecto o ingeniero, acaba trabajando de cocinero, como mi amigo Shiro, mientras que los ricos herederos se ven forzados a seguir la empresa o la profesión de su padre, más por obligación y responsabilidad, que por gusto vocacional.

Las frases hermosas, nos dice el ikigai, son más fáciles de decir que de ejecutar, por eso, señala la necesidad de trabajar o tener una actividad productiva, de manera independiente a las obligaciones de la vida diaria.

También es cierto que se puede aprender a amar en lo que se trabaja, en lugar de quejarse o deprimirse, y hacerlo con gusto y dignidad, sobre todo si de ese trabajo depende la seguridad y la estabilidad económica.

Como dice mi hermano Héctor, que pocas veces ha trabajado en su vida, los seres humanos tenemos el vicio de comer, y miles de millones de personas no podrían mantener este vicio si no tuvieran un trabajo.

Hoy en día hay miles de actividades económicas, y mientras en el ikigai clásico no había mucho de dónde escoger, actualmente, se puede optar por diversas opciones, incluso algunas que den satisfacción personal y se acoplen a nuestro ikigai personal, tanto en gusto como en habilidades, talentos o dones.

Cazar, pescar, recolectar, sembrar, atender al ganado, cocinar, tejer o trabajar la madera y la piedra, eran prácticamente las únicas opciones del mundo nipón en el siglo VIII, cuando nace el ikigai.

Después apareció la milicia, el crimen, el abuso y el poder como formas de vida, que por mal que nos parezca, no se puede decir que no había personas que lo gozaban (y lo siguen gozando), que tenían el talento para hacerlo, y que además cobraban o recibían todo tipo de recompensas por hacerlo.

La religión como nuevo gran negocio

El sacerdocio, con la conversión del zen clásico al budismo zen, y la fundación del sintoísmo, tuvo un rápido desarrollo económico nunca antes visto en las islas niponas a pesar de todas sus leyendas y supersticiones anteriores.

Incluso los jesuitas lograron medrar algo a pesar de las persecuciones, consiguiendo adeptos y fanáticos que les creyeron.

Con la vuelta de los emperadores en la Restauración Meiji y la apertura comercial al mundo, Japón empezó la gran transformación socioeconómica, y casi todo adquirió en poco tiempo un valor monetario, tanto, que, en los años sesenta del siglo XX, el Ikigai tradicional tuvo que adaptarse a la modernidad, y donde antes señalaba la necesidad de un reconocimiento y recompensa por la actividad que desarrollaba cada persona, empezó a señalar la necesidad de cobrar en moneda lo que antes se percibía en especie.

"Todo lo que haces tiene un precio que mereces cobrar por hacerlo", y no solo crédito social, satisfacción personal o aplausos de la multitud, sino una tarifa en yenes que debía ser satisfecha, y, de no ser así, ir a la huelga.

"Ama lo que haces, pero no dejes de cobrar lo que mereces por hacerlo".

HUELGA A LA JAPONESA

Para unos es "una forma de protesta discreta y pasiva utilizada por los trabajadores en Japón para expresar su insatisfacción laboral sin romper con las normas sociales y laborales establecidas", pero para otros es doblar la producción para colapsar a la empresa.

En Japón también hay huelgas de todo tipo

A la primera se le ha publicitado como positiva, y a la segunda se la ha descreditado y se le ha llamado "mito", "bulo" o "engaño", e incluso se ha dicho que no existe, para que no sea secundada por los trabajadores de otros países.

La verdad es que ambas existen, y cuentan con la ética o vergüenza de sus directivos, algo que no sucede prácticamente en ningún otro lugar del mundo, porque en ningún otro país el empresario se hace el harakiri cuando ha defraudado a sus trabajadores. Sí, hasta los grandes empresarios y políticos japoneses tienen un claro sentido del ikigai del honor, y actúan en consecuencia, algo impensable en un mundo donde el comercio y el empresariado rozan la ilegalidad de una o de otra manera.

El ikigai de cobrar por lo que haces es un derecho, no una dádiva del empresario o del gobierno, y deben de pagarte por ello, de la misma manera que tú debes pagar por lo que los demás hacen por ti o para ti, y en la actualidad no basta con lisonjas, créditos o premios que cubran tu vanidad, debe haber dinero de por medio.

Este ikigai es de un sentido vital práctico y material, no menos importante que tus deseos, sueños, dones o talentos, pues cada día necesitas comer, vestir, calzar, habitar, transportarte, divertirte, pagar impuestos y servicios, y, muchas veces, mantener a quienes dependan de ti económicamente, y eso no se puede soslayar de ninguna manera.

Sigue soñando con el ikigai de los deseos. Sigue potenciando tu ser interno con el ikigai de tus dones y talentos. Pero no dejes de cobrar por tu actividad productiva, sea esta la que sea, porque también hay un ikigai para las necesidades diarias de tu cuerpo.

IKIGAI ÉTICO

Tanto en el Japón tradicional como en el Japón moderno, no está mal visto ganar mucho dinero o enriquecerse con los juegos de azar, lo que está mal visto y socialmente penado, es hacerlo a costa de los empleados, obreros, trabajadores o colaboradores, o mediante la mafia, la corrupción o la ludopatía, pues eso es lo que la persona no se perdona a sí misma ni a los demás.

Aunque le guste robar o matar, todo ladrón o asesino sabe lo que hace, pues su conciencia o ikigai personal se lo reclama, tanto y de tal manera, que suele acabar con su propia vida ante la imposibilidad de perdonarse.

Este ikigai de respeto a sí mismo y a los demás, hace que Japón tenga solo 45 mil reclusos en una población de 130 millones de personas, mientras que en EE. UU. hay cerca de 2 millones de presos para una población de un poco más de 300 millones de habitantes.

España, otro de los países con baja criminalidad, está más cerca de Japón con 60 mil presos para una población de 47 millones, y, por lo tanto, el doble que en Japón; mientras que en México, hay casi 250 mil presos para una población de 130 millones aproximadamente, tan lejos de la criminalidad de su vecino del norte, como de la baja criminalidad de Japón.

Por otra parte, y quizá también debido al ikigai ético japonés, su tasa de suicidios es de las más elevadas del mundo, 17 personas por cada 100 mil habitantes, es decir, cerca de 200 mil personas cada año, la mayoría hombres y muchos de ellos por no perdonarse a sí mismos la mancha del deshonor, aunque no están cuantificados oficialmente, así como por aislamiento voluntario, el hikikomori, por carencia de ikigai o falta de sentido de la vida, y en mucha menor medida por problemas económicos o financieros.

Harakiri, el suicidio por honor

El problema más actual es la baja natalidad, que algunos investigadores, como Taro Tamura, señalan es debido a una falta de ikigai básico y elemental, la reproducción que garantice la continuidad de la especie humana, sobre todo y en este caso, la japonesa: "Nacer, crecer, reproducirse y morir".

Es obvio que ya no se necesitan manos para labrar el campo, cuidar del ganado, pescar (actividad que en el norte de Japón estuvo mucho tiempo mal vista), cazar y recolectar, y que las relaciones familiares y de pareja en Oriente no son como las de Occidente, pero eso no debería impedir "a una mujer, un hijo, y a una muerte, un nuevo nacimiento", como señala el ikigai clásico, por lo que las autoridades japonesas no saben muy bien a qué se debe el fenómeno de la baja natalidad, aunque la longevidad, más que la maternidad, impide que tras cada muerte venga un nuevo nacimiento.

En otros países la migración ha ayudado, por lo que en Japón han abierto las puertas a 500 mil trabajadores de la India, un país harto prolífico y con la mayor población del mundo, con la esperanza de aumentar la población, pero la población de Japón parece que no ha sido muy receptiva a esta estrategia, entre otras cosas, porque piensan que la gente de la India no tiene el ikigai ético y personal debido, pues piensan que muchos de ellos no son limpios ni pagan ni cobran lo que deben hacer, y que su ikigai y ser interno no se les clava en la conciencia cuando no hacen lo que deben y tienen que hacer.

¿Racismo japonés?

No exactamente, aunque durante un par de milenios, por lo menos, y hasta hace muy poco tiempo, se consideraban los únicos seres humanos en el mundo, mientras que el resto de la humanidad eran demonios, cuerpos sin ikigai y sin alma, y en muchos sentidos no han cambiado de forma de pensar.

Por lo menos ahora, esos yokai extranjeros, incluidos chinos y coreanos con los que han tenido crueles guerras, compran sus coches y sus productos de novedosa tecnología, por lo que cumplen como buenos nipones con el ikigai de cobrar por lo que hacen y pagar lo que consumen, pero eso no impide que los yokai sigan siendo demonios del averno.

El comercio acerca, el intercambio económico lima asperezas sin dejar de motivar a la competencia, "se cobra por lo que se hace" y se incentiva la productividad, la investigación, la innovación y el crecimiento, pero solo en parte, porque el sentido vital de la existencia, el ikigai en su totalidad, es más sencillo, pero también más extenso.

IKIGAI DEL TRABAJO

Las necesidades más elementales de los seres humanos se han convertido en economía monetaria más que en economía natural de matar para comer, de dar para recibir y de intercambiar, como lo hacen el resto de seres vivos.

El ser humano es el único animal que paga con dinero por habitar el planeta, y a menos que viva aislado en un pequeño paraíso donde no haya gobierno y sea autosuficiente, debe satisfacer esta renta todos los días de su vida.

De esta manera se han establecido una serie de relaciones laborales que van desde la esclavitud al trabajo por cuenta ajena, aunque también se puede ser esclavo de uno mismo al entregar todas las horas del día a la propia empresa.

En muchos casos, los esclavos de ayer son los empleados de hoy, tanto de cuello blanco como de cuello azul, desde los trabajos considerados los más bajos hasta los más altos puestos ejecutivos. Pocos se salvan.

En el ikigai tradicional, la esclavitud estaba del todo reglada y era oficial y legal desde el siglo III de nuestra era en el periodo Yamato, hasta que se abolió en el siglo XVI durante el periodo Sengoku, por el dirigente Hideyoshi Toyotomi, un héroe tan terrible como visionario.

Estadísticamente no había muchos esclavos, el 5% de la población total, que realizaban trabajos de servicio y cuidado, más que de otros rubros. Algunos eran esclavos de guerra, como chinos, indonesios y coreanos, y otros extranjeros o locales que se sumaban a la esclavitud espontáneamente para no ser castigados, ejecutados o exiliados.

Algunos eran absorbidos por la comunidad a la que servían, aunque no había mucha diferencia entre ser o no ser esclavo. En la actualidad muchos de los extranjeros que adquieren la nacionalidad japonesa, como mi amigo Ángel, un buen maestro de español en Kioto, sin dejar rastro de su nacionalidad anterior, al menos para las autoridades japonesas.

Antes, legalmente, y hoy en día, por una fuerte tradición que viene de las leyes de la esclavitud, la única obligación real de los esclavos, como ahora de los empleados, era la de trabajar, mientras que algunas familias niponas se podían dar el lujo de no hacerlo, pues para ello tenían a los esclavos.

La competencia en el mundo laboral para las familias que no podían tener esclavos, obligó a aceptar la figura de "trabajadores libres", que percibían una recompensa o salario por sus servicios más allá del techo y comida que recibían los esclavos.

Desde entonces, la vagancia o la carencia de una actividad económica lucrativa está muy mal vista en Japón, y el ikigai, o sentido laboral de la vida, no podía ser menos.

A los indigentes del Japón actual se les da una choza plástica y funcional, algunas despensas o alimentos, y cómics de Manga, o similares, para que los vendan y obtengan unos ingresos extra, pues en algunas zonas pedir limosna está del todo prohibido.

La mendicidad es fea, denigrante y poco o nada estética para las autoridades japonesas, y la reprimen de la mejor manera posible, aunque es muy baja en comparación a otros países. La propuesta es llegar a la mendicidad nula o inexistente en la actualidad, aunque, en el Japón antiguo, a un esclavo la mendicidad podía costarle la vida.

Esclavos de todas las naciones comprados y vendidos

Durante un par de siglos, XV y XVI, la esclavitud se recrudeció al convertirse en negocio con otras naciones, como Portugal, y llegó a su punto más bajo y denigrante, pues se compraban y vendían esclavos de todas las razas, creencias y nacionalidades, incluida la japonesa, para toda clase de fines y a todos los países que la practicaban, desde sexuales hasta criminales, además de los más crueles y duros trabajos forzados. Este vil recrudecimiento fue el que, paradójicamente, culminó en la abolición de la esclavitud en las islas niponas, que derivó socialmente en el trabajo para toda la vida en una sola actividad o empresa, y por eso es que el ikigai laboral recomienda:

- Ten siempre presente que eres un empleado o un trabajador, no un esclavo.
- Sea cual sea tu trabajo, hazlo lo mejor posible sin descanso y sin quejas.
- Si no te gusta tu trabajo, no lo dejes hasta haber conseguido otro trabajo mejor.

- No te vendas por menos de lo que vales.
- Quien no paga lo debido no envilece al trabajador, se envilece a sí mismo.
- No sueñes con algo mejor si no te preparas para tenerlo.
- Sé fiel y leal a tu jefe con tu trabajo, no con tu dignidad.
- No seas cómplice de nada ni de nadie por ganar un poco más.
- Prepárate siempre para ser el mejor en tu trabajo día a día.
- Denunciar no es traicionar.
- Exigir no es traicionar.
- No dejes que las emociones nublen tu razón, que las emociones no dan de comer.
- No descuides a los tuyos por trabajar.
- Por amar a tu trabajo no dejes de amar a tu familia.
- Todo trabajo es bueno, digno y elevado si se hace con empeño.
- La vida tiene por lo menos cuatro sentidos, y el trabajo es solo uno de ellos.
- El trabajo por sí mismo no dignifica, y si es solo trabajo, el ikigai está incompleto.
- Mantente activo mientras estés vivo.
- Que tu esfuerzo personal sea el que te alimente, eso es la dignidad.
- No regales tu trabajo a nadie, que la vanidad no paga los impuestos.
- Trabaja tanto como disfrutes, ames o descanses, ni más ni menos.
- Ayuda y déjate ayudar, pero no dependas ni dejes que nadie dependa de ti.
- Cumple con tus compromisos y tus obligaciones en todos los planos de la vida, no solo en el trabajo.

- Trabaja para vivir lo mejor posible, pero no vivas solo para trabajar.
- Sé humilde y respeta a la autoridad y a la jerarquía, pero nunca te denigres ni te humilles ante ellas.
- Aprende con humildad y constancia lo que no sabes, y enseña si arrogancia y de buena fe lo que dominas.
- No temas cambiar o ser diferente a los demás, pero sé cauto y respetuoso con todos.
- Una cosa es la seguridad que te da el empleo, y otra cosa es la dependencia a las cadenas.
- Que tu cuerpo trabaje mientras tu alma y tu pensamiento sean libres.
- No hagas lo que te piden por deseo de agradar o por temor a perder el empleo, siempre haz lo correcto.
- Cuando abusas o defraudas a los demás, no ganas otra cosa que abusar y defraudarte a ti mismo, incluso si los demás aceptan el abuso.
- La riqueza monetaria es un engaño de las élites para que creas que la puedes lograr trabajando o sin trabajar, porque la riqueza es de ellos y no se la prestan a nadie.
- Aprende a diferenciar entre la loable entrega al trabajo, y la indigna sumisión. ¡Qué tu alma y tu mente sean libres e independientes siempre!
- La verdadera riqueza consiste en tener lo suficiente para vivir con dignidad y morir satisfecho.
- No hagas por los demás lo que no haces para ti mismo.

- Lo que materialmente te sobre cuando mueras, en realidad nunca fue tuyo.
- Procura dedicarte a lo que sabes hacer bien, vivirás más contento.
- No hagas lo que no sepas ni estorbes a los que sí saben hacerlo.
- Todos somos importantes engranajes en la maquinaria de la vida, pero nadie es indispensable.
- No trabajes de más, pero tampoco de menos, el secreto está en encontrar el ikigai del punto medio.

Una cosa es la disciplina,
y otra muy distinta la sumisión

En resumen, "vende tu fuerza laboral o tu creatividad, no tu alma y mucho menos tu ikigai personal, tu verdadero sentido vital de la existencia.

Ten en cuenta que, hasta los más poderosos y millonarios a menudo son esclavos de sus temores, miedos y hasta de sus posesiones y dinero, sin tener tiempo para vivir de verdad, y encerrados en su propio ego, pero sin ikigai personal.

VI
¿Cuál es tu papel en este mundo? Ejercicios ikigai

El mundo es verdad
y es mentira,
las cosas y los hechos
son como son
sin importar su interpretación,
pero, lo más importante,
es conocer tu papel
en el mundo
sabiendo exactamente
qué o quién eres.
Taro Tamura

—Quizá en la antigüedad y con tiempo para meditar y reflexionar sin estar rodeado de tantos distractores, la persona podía mirar a su ikigai interior y preguntarse sin temores qué o quién era —me dice Taro Tamura.

—Taro, ¿por qué tú no escribes un libro sobre el ikigai si sabes tanto sobre el tema? Mucho más que yo —le respondo.

—Porque ese es tu papel en esta vida, no el mío —me responde con una sabia sonrisa.

Mi papel o ikigai personal

Está claro que después de casi cincuenta años escribiendo y publicando en las editoriales que me han dado libertad para manifestar lo que pienso y siento, aunque sea en libros por encargo que no dan fama ni fortuna, pero sí independencia de criterio y pensamiento, mi papel en esta vida ha sido escribir hasta este preciso momento.

Me gusta hacerlo, a veces incluso me apasiono y sueño, y no he tenido que luchar contra nadie para lograrlo, como si me hubiera caído del cielo o si hubiera nacido para hacerlo, con un don, facilidad o talento poco apreciado por la academia y el sistema literario de las grandes editoriales, pero muy satisfactorio, más allá de la vanidad, el prestigio social o el ego.

Tampoco soy un poeta maldito al que se le recordará o encumbrará una vez muerto, pero he cumplido con mi obligación de transmitir todo tipo de ideas, y a veces de humor, en cada texto.

Sí, aunque no todo lo que la ambiciosa codicia anhela, he cobrado por hacerlo, unas veces mejor y otras peor, pero lo suficiente para vivir, comer, pasear, viajar y cumplir uno que otro capricho inmediato y pequeño, sin necesitar nada más.

Creo, aunque no puedo estar seguro de ello, que de cierta manera he contribuido en el intento de que este mundo sea cada vez mejor con mi dedicación.

Con todo, mi ikigai no es perfecto ni equilibrado del todo, pues le he dedicado más horas a la escritura que a cualquier otra cosa, y he descuidado otros aspectos de mi vida en este planeta.

He cometido muchos errores y desaciertos, tengo deudas que nunca podré pagar y le he fallado a tres o cuatro personas, cuando no debí fallarle a ninguna.

He tenido tres parejas sentimentales, pero no se puede decir que haya sido un buen compañero de vida, aunque no me considero un mal padre de mi hija y de mi hijo, a los que dediqué buena parte de mi vida dándoles todo lo que pude y tenía, y que ahora son adultos y unas magníficas personas, mucho mejores que yo, y eso es una gran satisfacción para mi ego.

Con respecto al amor de pareja y de familia, perdí la confianza en los otros y en las otras hace tiempo, y padezco un terrible temor a repetir las pasadas experiencias, por lo que no me atrevo a tener un nuevo amor, aunque no ha faltado quien me demuestre su afecto y me abra las puertas de su corazón, por lo que desde aquí y ahora les pido perdón.

Soy solitario y poco sociable, no he cultivado la amistad como se debe, mal labriego en este campo he sido, y, lo peor, lo sigo siendo.

Tampoco he ayudado a los demás como es debido, y si bien alguna vez he echado una mano y perdonado más de una deuda, no creo que haya sido suficiente.

Puede ser que haya superado algunos baches de mi personalidad y mejorado algo en los últimos tiempos, pero en algunos aspectos no puedo superarme y, aunque a veces me contengo, me gana el impulso y siento, pienso, digo o hago lo que no debo. Lo siento, pero hay cosas que me superan y en las que no creo ni comparto, y me molestan sobremanera, por más que intento aceptarlas en los demás, pero que en realidad no acepto, pero, por lo menos, he aprendido a no decir cuáles son esas cosas, porque sé que al hacerlo puedo herir o molestar a muchas personas.

Algo es algo.

Generalmente, como lo que me cocino con la idea de que sea sano, hago ejercicio leve, pero constante, y soy consciente de que me hago viejo.

No me medico para nada, aunque los achaques de la edad están presentes. Casi no bebo alcohol, pero fumo más de la cuenta, y muy de vez en cuando cometo uno que otro exceso.

Viajo en transporte público y desde hace más de veinte años que renuncié a los vehículos.

No daño a los demás, o procuro con el alma no hacerlo.

Mi papel en esta vida, por tanto, o mi historia de vida e ikigai personal, e incluso perfil psicológico, es:

- Escritor.
- Viejo.
- Soltero.
- Con un ikigai centrado en lo que me gusta, sé hacer y cobro por ello, con algunas carencias en lo que el mundo necesita de mí.

EJERCICIOS IKIGAI, TU HISTORIA DE VIDA HASTA HOY

Uno de los primeros y principales ejercicios ikigai, antes de los métodos actuales y modernos, es simplemente escribir tu propia vida hasta el momento, de manera sincera y sin engañarte a ti mismo, pues no hace falta, y contando lo que sepas de ti sin importar nadie más, es decir, centrándote en lo que haces, dices, sientes, sabes de tu propia vida, poniendo especial énfasis en lo que te gusta o deseas, lo que sabes hacer, tu profesión u oficio, y tu contribución al mundo que habitas, para finalizar con tu perfil o papel que has desempeñado hasta ahora. Nada más.

Coge papel y lápiz, o abre el ordenador y escribe tu breve historia de vida, y así descubrirás los principales rasgos de tu ikigai personal.

LAS HORAS DEL DÍA

Divide el día en las cuatro partes de las 24 horas, seis para cada actividad:

- Descanso, sueño o siesta.
- Trabajo, estudios o actividad profesional.
- Dedicación al amor, la familia, los hijos y los amigos.
- Diversiones, gustos, viajes o actividades culturales no lucrativas.

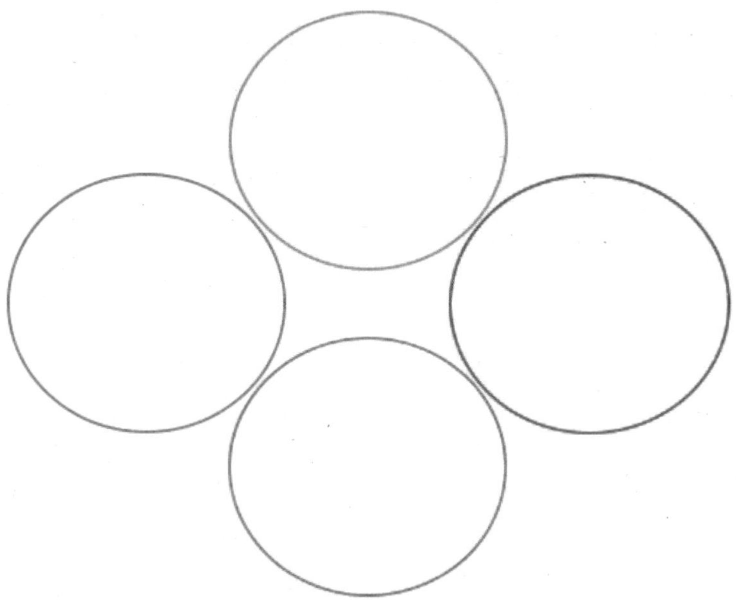

Las horas del Ikigai personal

Rellena cada círculo con las horas para cada actividad, por ejemplo:

- Descanso, sueño o siesta, ocho horas.
- Trabajo, estudios o actividad profesional, diez horas.
- Dedicación al amor, la familia, los hijos y los amigos, cuatro horas.
- Diversiones, gustos, viajes o actividades culturales no lucrativas, dos horas.

En este caso, el ikigai personal está cargado en el trabajo, los estudios o la actividad profesional, robándole horas a otras actividades, sobre todo a los gustos y diversiones, y algo a la familia.

Lo ideal para que el ikigai no esté cargado en un solo aspecto de tu vida, sería dedicarle seis horas a cada actividad, aunque lo expertos en occidente recomienden 8 horas para el sueño diario.

- Descanso, sueño o siesta, seis horas.
- Trabajo, estudios o actividad profesional, seis horas.
- Dedicación al amor, la familia, los hijos y los amigos, seis horas.
- Diversiones, gustos, viajes o actividades culturales no lucrativas, seis horas.

Según Taro Tamura, los hombres entre los 18 y los 35 años de edad, presentan el siguiente esquema:

- Descanso, sueño o siesta, entre seis y cuatro horas efectivas.

- Trabajo, estudios o actividad profesional, entre diez y doce horas como mínimo, a lo que hay que sumar las dos horas diarias, por lo menos, de transporte.

- Dedicación al amor, la familia, los hijos y los amigos, una o dos horas, a veces menos.

- Diversiones, gustos, viajes o actividades culturales no lucrativas, dos o tres horas, que se solapan con la familia para ver la televisión, jugar videojuegos o atender redes sociales, y muy pocas horas al año cuando se trata de viajar, asistir a conciertos, cenas entre amigos o simplemente pasear.

No es raro que estas personas, antes solo los hombres, pero hoy en día tanto hombres como mujeres prácticamente en todo el mundo, tengan un ikigai descompensado, lo que les provoca todo tipo de carencias afectivas, estrés, ansiedad, depresión y diversas enfermedades orgánicas.

TUS CUATRO EMANACIONES IKIGAI

Vives en un mundo que te envuelve y te rodea desde tu nacimiento, y que te seguirá rodeando y envolviendo hasta que dejes este plano. Por tanto, a menudo no tienes más remedio que vivirlo por más que quieras cambiarlo.

Sin embargo, sí puedes mejorarlo siendo consciente de lo que deseas, sabes hacer, das al mundo y cobras por tus actividades económicas.

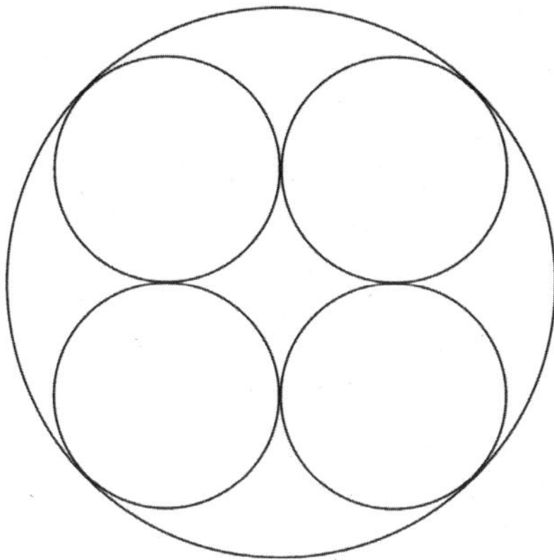

Copia este sencillo diagrama y escribe en cada círculo:

- En el primer círculo superior izquierdo escribe lo que te gusta, lo que te apasiona, con lo que disfrutas en esta vida, lo que sueñas.
- En el segundo círculo superior derecho escribe lo que sabes hacer bien, aquello en lo que tienes una habilidad innata, un talento o un don personal.
- En el tercer círculo inferior izquierdo, lo que haces o crees que debes hacer por los demás y por el mundo que te rodea.
- En el cuarto círculo inferior derecho, aquello por lo que te deben pagar o dar una recompensa material.

No hay respuestas equivocadas, sino reflexión y sinceridad, por lo que no es necesario que seas convencional ni que te engañes escribiendo lo que los demás esperan de ti, lo que creas correcto o acorde al mundo que te rodea.

Escribe exactamente lo que sientas y pienses, nadie te va a juzgar ni a aprobar, pues tú eres tu propio discípulo y tu propio maestro, y es tu ikigai interno el que da las respuestas. Por ejemplo, en el caso de una mujer madura, Taro Tamura observó lo siguiente:

Caso de mujer de mediana edad

En el primer círculo superior izquierdo escribe lo que te gusta, lo que te apasiona, con lo que disfrutas en esta vida, lo que sueñas.

Me gusta el dinero y solo pienso en el dinero la mayor parte del tiempo y del día, lo demás me importa poco o nada, pues con mucho dinero haría todo lo que me viniera en gana, aunque, en cierta forma, ya lo hago. Las amistades, el amor y la familia están ahí para bien o para mal, y para cumplir socialmente, pero poco más. Algunos platos me gustan, pero no soy de mucho comer. Hago algo de ejercicio y me maquillo y arreglo todos los días desde muy joven, y creo que lo seguiré haciendo toda la vida. Tengo dos hijos, varón y hembra, pero la maternidad no me fascina ni necesito verlos todos los días, pero cumplo con ellos en algunas fechas. Y sí, a veces me aburro a pesar de todas las distracciones que ofrece la vida.

En el segundo círculo superior derecho escribe lo que sabes hacer bien, aquello en lo que tienes una habilidad innata, un talento o un don personal.

No creo tener ninguna habilidad en especial. Antes pintaba y no lo hacía mal, pero había mucha gente mejor que yo, y aunque vendía alguna de mis pinturas no estaba a gusto, y el tener que comercializarlas me desesperaba, así que dejé de pintar y de intentar vender, una verdadera lata. En todo lo demás me veo torpe, por eso solo hago lo que me mandan, y si no me mandaran nada, pues no haría nada.

En el tercer círculo inferior izquierdo, lo que haces o crees que debes hacer por los demás y por el mundo que te rodea.

A veces creo que debería ser vegana, ecologista, empática y humanitaria, y le sigo la corriente a mucha gente, pero la verdad es que no hago nada en especial para mejorar mi entorno o ayudar a otras personas. Solo vivo y dejo vivir sin hacerle daño a nadie y sin meterme en problemas o vidas ajenas, pero sigo comiendo carne a pesar de saber la crueldad que es matar a tanto animal para que yo coma. Tampoco cuido mi mancha de carbono ni detengo el cambio climático, pues tengo coche y todo tipo de aparatos eléctricos, y me paso pegada a las pantallas buena parte del día. Sí, odio las guerras y las pandemias, pero no puedo hacer nada contra ellas, y solo me sumo a lo que está de moda para no molestar a los demás. Sí, creo que mi manera de ayudar al mundo es no molestar, y nada más.

Solo ser y estar como ikigai personal

En el cuarto círculo inferior derecho, aquello por lo que te deben pagar o dar una recompensa material.

Trabajar, lo que se dice trabajar y que me paguen por ello, lo he hecho pocas veces en mi vida, pues he tenido la suerte de no necesitarlo, pues siempre he tenido pareja que provea y me compre lo que me gusta o lo que necesito. Tampoco he sido ama de casa que merezca un salario y manutención por barrer, limpiar, cocinar, lavar o planchar, pues tampoco soy muy afecta a ese tipo de trabajo; el servicio se encarga de ello, o mi pareja. He sido auxiliar de enfermería por un año, he vendido algunos cuadros, y lo he intentado con la fotografía (mi última pareja me puso un estudio y me regaló unas cuantas cámaras fotográficas), pero tras dos o tres encargos también lo he dejado. En pocas palabras, quizá por lo único que cobro es por mi compañía, pues tampoco soy especialmente sexual ni una gran amante, por lo que no doy ni más ni menos lo que recibo. En resumen, no me gusta trabajar en nada, pero sí me gusta comprar, aunque casi nunca dé las gracias por lo que compro. No sé si estoy bien o estoy mal, pero no me quejo y esta es mi vida hasta el día de hoy, esperando una pensión para la vejez o por viuda, y otra buena herencia.

Este tipo de respuestas no son raras, pues muchas mujeres de mediana edad, tanto en Japón como en otras partes del orbe, viven vidas similares, alejándose de lo que se considera socialmente "una buena mujer moderna y liberada", y mucho menos "una mujer tradicional, buena madre y esposa, que se ocupa de su hogar y de su casa mientras el marido sale a trabajar para proveer lo necesario".

Suelen ser mujeres de clase media acomodada, y sus respuestas ni están mal ni están bien, aunque su ikigai sea obviamente desequilibrado y presenten una especie de depresión crónica leve, pero que no les afecta más allá de acudir a una consulta psicológica o terapéutica.

¿Están bien o están mal?

Ni están bien ni están mal, simplemente están, y en cierto sentido eso es más que suficiente, pues su sentido de la vida e ikigai personal y papel que desempeñan es precisamente el existir, el ser y estar sin más, algo que pocas veces se comprende.

UN CASO HIKIKOMORI

Un joven de 30 años que ha estado aislado desde hace más de una década, respondió así:

En el primer círculo superior izquierdo escribe lo que te gusta, lo que te apasiona, con lo que disfrutas en esta vida, lo que sueñas.

Estar solo, jugar, dormir y comer lo que me apetece. Que no me moleste nada ni nadie es mi mayor anhelo. Nada más.

En el segundo círculo superior derecho escribe lo que sabes hacer bien, aquello en lo que tienes una habilidad innata, un talento o un don personal.

Nada, ni siquiera jugar bien, porque me entretiene, pero no soy nada competitivo. Está bien jugar, pero el resultado final no me interesa para nada. La verdad es que no sé hacer nada de nada, ni me interesa.

Hikikomori, cuando la vida carece de interés y de respuestas

En el tercer círculo inferior izquierdo, lo que haces o crees que debes hacer por los demás y por el mundo que te rodea.

Absolutamente nada. Desprecio a la gente y al mundo entero. No me gustan los animales y me da asco la naturaleza. Una bomba nuclear de millones de megatones sería lo ideal para que desapareciera todo, sin importar si hay un nuevo comienzo o, mejor, si todo se pierde en la nada.

En el cuarto círculo inferior derecho, aquello por lo que te deben pagar o dar una recompensa material.

No sé si me deberían pagar, si lo merezco o no, pero hago algo de programación en trabajo remoto para una corporación tecnológica cuando estoy aburrido o cansado de chatear y jugar, y me depositan algo de dinero en mi cuenta, que voy gastando en lo que sea, ordenadores y similares, sodas y snacks, o algún afiche, como gorras, muñecos y camisetas. Ni siquiera tuve que buscar trabajo, me lo ofrecieron en línea y hago lo que me parece sin que me presionen y sin ver ni oír a nadie, y lo podría hacer gratis, porque antes mi madre y mi hermano mayor se ocupaban de mis gastos y lo seguirían haciendo, pues la tradición les obliga a cambio de que me deje atender por un especialista, que me da tanto asco como risa por sus sandeces y sentido de la "normalidad".

El ikigai de la persona hikikomori es más nihilista que existencialista, pues se centra en el no ser que en el encierro como símbolo de ausencia y desencanto social, apoyado por la cobertura familiar y la vida virtual tecnológica de nuestro tiempo, que puede llegar al suicidio ante la incapacidad de aceptar o comprender el mundo externo. Sin esas facilidades, la persona hikikomori no tendría más remedio que entregarse a la vida indigente, también aislada de la sociedad, pero sin techo ni comida, ni electricidad ni videojuegos, aunque algunas se las arreglan en Japón gracias a las ayudas y preocupación del gobierno.

La mayoría de las personas hikikomori son de sexo masculino y jóvenes, o muy jóvenes, pero cada vez se suman más mujeres y personas mayores a esta tendencia de soledad y falta de sentido existencial y vital, en este planeta y en el orden de las cosas, tanto sociales como de la naturaleza.

Algunos cambian con el tiempo y, aunque siguen sin gustarles el mundo y sus habitantes, dejan de aislarse en una sola habitación al amparo de sus familias, para aislarse más abiertamente, valga la paradoja, pero salen a la calle de vez en cuando para comprar lo que necesitan o para asistir a eventos o conferencias relacionadas con su mundo tecnológico y de videojuegos, dando lugar a otro tipo de grupos sociales que se reconocen entre ellos, pero que no socializan con nadie.

Un tema complejo que no suele comprenderse, nos dice Taro Tamura, pero con un fuerte ikigai interior y personal al que no le gusta el mundo externo, y en algún sentido, como lo han tenido monjes y religiosos de todos los tiempos que más que creer en dioses no creen en los seres humanos, pueden tener razón y sea al mundo al que le falta un tornillo, o un ikigai sano y equilibrado.

UN CASO NORMAL O HABITUAL

Muchas de las respuestas a este ejercicio en la consulta de Taro Tamura, tanto de hombres y de mujeres actuales, se parecen mucho al siguiente esquema:

En el primer círculo superior izquierdo escribe lo que te gusta, lo que te apasiona, con lo que disfrutas en esta vida, lo que sueñas.

Viajar, comer, tener suficiente dinero, contar con un buen trabajo estable, comprar lo que me gusta, ver mis series favoritas, asistir a conciertos, teatros, hoteles y cines, tener relaciones sexuales satisfactorias, caminar y pasear sin miedo, tener un buen coche, mantenerme sano y fuerte, siempre joven, ser una persona atractiva e influyente, y decir todo lo que pienso y siento. En una palabra, vivir bien, sin preocupaciones económicas, e intensamente. Me apasiona el arte, la música y me encantaría tocar un instrumento o cantar como los ángeles, aunque la fama y la fortuna se las dejo a otras personas.

En el segundo círculo superior derecho escribe lo que sabes hacer bien, aquello en lo que tienes una habilidad innata, un talento o un don personal.

Creo que trabajar, en lo que sea, porque aprendo pronto y me gusta hacer las cosas bien. Quizá no destaco en nada especialmente, pero puedo hacer prácticamente de todo, y no se me caen los anillos por realizar cualquier tipo de actividad, aunque, por supuesto, prefiero algo estable y seguro, a los pasatiempos, las empresas y las aventuras, a las que solo me dedicaría si no me quedara más remedio. Tal vez no sea el mejor, pero puedo ser muy eficiente y competitivo.

En el tercer círculo inferior izquierdo, lo que haces o crees que debes hacer por los demás y por el mundo que te rodea.

Cuidar del planeta, por supuesto, querer a mis mascotas, alimentarme sanamente, no contaminar, obedecer a las autoridades, colaborar con el vecindario, dar donativos a las instituciones que ayudan a los más desfavorecidos, ayudar a quien lo necesite, dar limosna, corresponder al grupo o congregación a la que pertenezca, educar con amor y sin violencia a mis hijos, estudiar, leer y trabajar para que este mundo sea cada día mejor, afanarme en la limpieza, no tirar basura, no contribuir a aumentar los residuos, no robar, no mentir, no engañar, no defraudar, no prometer lo que no pueda cumplir y ser mejor persona cada día, un ejemplo a imitar y seguir, de la misma manera que imito y sigo los ejemplos de los grandes seres humanos que en el mundo han sido, y, por supuesto, defender la justicia, la paz, el amor y la libertad, para que todos gocemos de una buena vida en este planeta, teniendo conciencia, respeto y libertad de creencias, opiniones y pensamiento.

En el cuarto círculo inferior derecho, aquello por lo que te deben pagar o dar una recompensa material.

Obviamente, por mi trabajo, sea el que sea, desde el más humilde hasta el más elevado, desde barrer y limpiar las calles, hasta como ejecutivo de una gran empresa; y desde dar clases, hasta investigar en un laboratorio científico y de prestigio. Toda actividad laboral debe ser justamente remunerada para vivir sin problemas económicos, incluso la artística, y tener acceso a todos los servicios de educación, salud y suministro de gas, electricidad y agua.

Un ikigai convencional que comparte mucha gente, de hecho miles de millones de personas de este mundo, aunque generalmente quede más en las intenciones de la buena gente que en la realidad que ofrece el planeta, por lo que algunos monjes le llaman ikigai de esclavos o ikigai ingenuo, pero del todo funcional y longevo, pues lleva miles de años manteniendo tanto la realidad como las ilusiones de casi todos los pueblos.

También se le llama ikigai religioso, y no porque rinda culto a dios alguno, sino porque es compartido y seguido por el grueso de la humanidad con fe, esperanza y hasta cierta caridad.

ERES LO QUE HACES, NO LO QUE SIENTES, PIENSAS O DICES

Tanto tu papel como el mío en este mundo, es lo que haces todos los días, aquello a lo que le dedicas más horas, más sentimientos, más pensamientos y más palabras en cualquier actividad artística, científica, placentera o laboral en esta vida.

Papeles los hay tanto como dedicaciones hay en esta vida.

Estos papeles pueden ser fijos, variables o cambiantes de una época a otra, de un día para otro, o al instante tras una epifanía, es decir, en ese precisamente momento en el que te das cuenta de que vas mal o no estás donde debes y quieres estar, y lo dejas absolutamente todo para emprender una nueva vida, un nuevo ikigai.

No hace falta valor ni arrojo si no lo piensas y actúas de inmediato; el valor hace falta cuando lo llevas meditando mucho tiempo, pero no te has atrevido a cambiar o a mejorar, o incluso a romperlo todo a pesar de lo que digan los demás o permitan, aparentemente, las circunstancias.

En tus manos, y en tus pies, está dar el salto o no, en nada ni en nadie más, a menos que suceda un accidente, catástrofe o sorpresa que te obligue a cambiar de rumbo, porque es cierto que a veces el cambio o descubrimiento del propio ikigai "cae del cielo", sin que lo busques ni esperes, o quizá escuchando tus oraciones o pensamientos más profundos.

TEST IKIGAI DE CONGRUENCIA O EQUILIBRIO

Generalmente una cosa es la que sentimos, otra la que pensamos, una más la que decimos y, finalmente, la forma en que actuamos, ya sea por presión social o simplemente por celeridad, incongruencia o autocensura.

Por tanto, el propósito vital a menudo se ve interrumpido, desviado o desvirtuado, tanto si lo hacemos de una manera consciente o si lo hacemos de forma inconsciente, sin darnos cuenta.

La mente es poderosa y a menudo nos hace cambiar de opinión de un segundo a otro, o tropieza con la educación, la cultura o el adoctrinamiento al que hemos sido sometidos desde la infancia, y de lo cual difícilmente nos podemos liberar.

Mientras más congruentes somos, más claro tenemos el sentido vital de nuestra existencia y de nuestra presencia en este mundo.

Dicha congruencia es deseable, y aunque a menudo es muy difícil conseguirla, no es del todo imposible, sino, como se dice en Japón, es cuestión de disciplina, de tomar consciencia de nosotros mismos y enfocarnos hacia un punto común: nuestro propio ikigai.

Cada emanación del ser, o del ikigai interno, camina en busca de dicha congruencia.

Por ejemplo, medita sobre las siguientes cuestiones:

PRIMERA EMANACIÓN

- ¿Qué sientes con respecto a tus pasiones y a tus deseos?
- ¿Qué piensas con respecto a tus pasiones y a tus deseos?
- ¿Qué expresas verbalmente sobre tus pasiones y sobre tus deseos?
- ¿Cómo actúas finalmente acerca de tus pasiones y tus deseos?

La congruencia, en este caso, te lleva a realizar tus sueños y a conseguir lo que deseas disfrutando de lo que te gusta, de la misma manera que te lleva a rechazar las pasiones poco constructivas o negativas del todo, pues te da una visión clara de lo que realmente deseas y quieres hacer apasionadamente.

SEGUNDA EMANACIÓN

- ¿Qué sientes con respecto a tus habilidades personales?
- ¿Qué piensas con respecto a tus habilidades, dones o talentos personales?
- ¿Qué expresas verbalmente sobre lo que sabes hacer bien?
- ¿Cómo actúas finalmente conforme a tus capacidades innatas?

En esta emanación puedes descubrir talentos en tu persona que ni siquiera imaginabas, o darte cuenta de que vale la pena estudiar y experimentar, pero no vale la pena forzar nada. Haz lo que sepas hacer bien, y no estorbes a los demás ni a ti mismo con lo que no se te da para nada.

TERCERA EMANACIÓN

- ¿Qué sientes con respecto a tus obligaciones y responsabilidades?
- ¿Qué piensas con respecto a lo que tu contexto o el mundo te pide?
- ¿Qué expresas verbalmente sobre lo que los demás necesitan de ti?
- ¿Cómo actúas finalmente acerca tu relación con el resto de la humanidad?

Ser congruente en lo que el mundo necesita de ti, puede elevar tus pensamientos y tus sentimientos, o por lo menos darte cuenta de que vives en un mundo o una sociedad donde todos necesitamos de todos para salir adelante, vivir en paz, de manera saludable y con respeto a lo que nos rodea, con lo que a veces es suficiente con no hacer el mal a nadie ni a nada, y mejorar personalmente, para que este planeta sea mejor y más habitable.

CUARTA EMANACIÓN

- ¿Cómo te sientes con respecto a tu trabajo, oficio o profesión?

- ¿Qué es lo que piensas de tu actividad económica?

- ¿Qué expresas verbalmente sobre lo que haces para ganarte la vida?

- ¿Cómo actúas finalmente en tu campo o zona de trabajo?

¿Te gusta lo que haces profesionalmente hablando?¿Estás a gusto en tu trabajo?

¿Crees que lo que haces para ganar dinero es bueno, justo y honrado?

O, por el contrario piensas que tu labor no beneficia a nadie y solo te sirve para llegar a fin de mes.

Ten en cuenta que el trabajo remunerado ocupa casi un tercio de tu vida, o más, por lo que hacer bien lo que te gusta y, además, cobrar con justicia lo que te corresponde, tanto como pagar decentemente a tus empleados si es el caso, por lo que puede ser todo un infierno si te disgusta, o un paraíso si lo disfrutas.

Si no te gusta ni te apasiona lo que haces, si sientes que te explotan o no te valoran, si piensas que no estás haciendo lo que sabes, sino lo que te imponen, si no corresponde tu labor a tus dones y talentos, si hablas mal de tus jefes, compañeros o colaboradores, y si no te pagan lo que mereces o lo que realmente necesitas para comer, viajar, mantener a los tuyos, pagar facturas y divertirte sanamente, ha llegado el momento de que empieces hoy mismo a buscar otra fuente de ingresos y dejes el trabajo o actividad que no te satisface en ningún aspecto, por otro mejor y que esté más acorde con tu sentido vital de la existencia, tu ikigai personal.

IKIGAI DEL ESPEJO

La próxima mañana al despertarte y asearte, mírate en el espejo y pregúntate:

- ¿Vivo realmente donde quiero vivir?
- ¿Estoy a gusto en mi barrio, pueblo o país?
- ¿Disfruto con la presencia de la gente que me acompaña?
- ¿He cumplido hasta ahora alguno de mis sueños o de mis deseos?
- ¿Tengo la vida que quiero?
- ¿Qué he hecho yo para merecer la felicidad?
- ¿Estoy conforme con mi aspecto?
- ¿Qué es lo que en verdad me molesta?
- ¿Sé de lo que hablo o solamente hablo por hablar?
- ¿Quiero tener la razón o en realidad la tengo?
- ¿Puedo ser mejor de lo que soy?
- ¿En realidad cumplo con lo que tengo que hacer, o, simplemente, sigo la corriente?
- ¿Pienso de verdad, o simplemente repito y tomo partido emocional?
- ¿Tengo un propósito en esta vida, un ikigai propio, o simplemente dejo que el tiempo pase?

Te puedes hacer muchas preguntas más y responderte a ti mismo con sinceridad, incluso puedes decir que no lo sabes, pero ten en cuenta que mientras más te cuestiones a ti mismo cada día, irás encontrando más respuestas y un guía personal para darle un sentido existencial a tu persona.

En los ejercicios ikigai no hay respuestas correctas ni incorrectas, ni bien ni mal, ni amores desvelados ni dependencias religiosas o ideológicas, porque el propósito y sentido de la vida es siempre personal.

Tú eres quien vive tu vida y existencia, nadie más puede hacerlo por ti, de la misma manera que no puedes vivir las vidas ajenas.

Puedes complementarte con las cosas, las personas y los hechos de la vida, y hasta compartir, ayudar y ser ayudado, pero la experiencia vital sigue siendo únicamente tuya y de nadie más, porque solo tu tienes tu propio ikigai, tu particular sentido vital de la existencia.

Todas las mañanas renaces, por lo que son 24 horas lo único que te queda.

Todo puede suceder en esta vida, pero sucede mejor y más a menudo cuando es tu voluntad y tu decisión para actuar la que toma la dirección de tu vida, como veremos en el próximo capítulo.

VII
Acción y voluntad. Voluntad y acción

Los sueños son hermosos,
las intenciones valiosas,
los sentimientos grandiosos
y las palabras, supremas,
pero si no hay voluntad y acción,
todo son figuras huecas.
Taro Tamura

Aunque la verdad material de esta vida es que muchos son los llamados, pero poco los elegidos, todos y cada uno de nosotros contamos con una voluntad anímica y una capacidad de acción para transformar en cualquier momento el rumbo de nuestra vida.

La mayoría de los seres humanos son gregarios dentro del sistema jerárquico establecido, y solo unos cuantos los privilegiados y los protagonistas.

Unos actúan ante cientos, miles o millones, mientras que otros sienten que asistir a un concierto o a un cine para verlos es el mejor día de su vida.

La vida, como la naturaleza, no es justa, no le da a todos las mismas cartas, e incluso con algunos se comporta cruel y hasta asesina.

Muchas de las cosas que nos han enseñado son falsas, interesadas y hasta absurdas mentiras, por lo que la vida a menudo no es más que una ilusión, una fantasía en la que nacemos y morimos sin darnos cuenta.

Hay miles de obstáculos, enfermedades, condiciones desequilibradas, accidentes, catástrofes, tijeras que de un golpe se cobran cientos o miles de vidas sin importar qué sentido o ikigai tenían cada una de ellas.

A veces tenemos muchos años para intentar comprenderlo, pero la verdad es que solo tenemos un día, unos minutos, y a veces solo segundos para darnos cuenta de que todo se ha acabado sin que hayamos logrado nada, o casi nada.

Muchos son los consejos que pueden darnos, las frases de los famosos para alentarnos, los dichos célebres de los grandes hombres y mujeres que en el mundo han sido, y con ellos podemos darle un ungüento al alma momentáneamente, porque nos parecen buenos, sabios, sensibles, inteligentes, pero poco más.

Aprender de los más sabios no está nada mal, pero para ello necesitaríamos más que una frase elevada u ocurrente, quizá muchos años de estudios, pensamiento crítico y reflexión, además de tener para comer mientras estudiamos, y la mayoría de las personas no pueden acceder a esas enseñanzas, porque tienen otras cosas que hacer o que atender, y, si no las tienen, el sistema se encarga de darles todo tipo de distracciones, y así tenerlas más o menos calmadas y controladas para que no se salgan del redil y atenten contra los privilegios, las riquezas y las comodidades que no tienen y ni siquiera comprenden.

¿Qué hacer entonces en un mundo que ya está construido y no deja espacio para ser y para pensar de verdad?

El ikigai responde: tener voluntad de acción, tener el valor y la voluntad de actuar y de hacer aquello que nos satisfaga sin esperar a recibir un caramelo o sucedáneo por nuestro apático y buen comportamiento.

No se trata de hacer revoluciones, porque las revoluciones tropiezan con el vicio del poder indefectiblemente, y al final no cambian nada para los demás, o bien lo echan más a perder, como diría George Orwell en su *Rebelión en la granja*, sino de evolucionar positivamente.

DESÁNIMO

No, para nada, sino todo lo contrario, abrir nuevos caminos más sencillos, sanos y activos, e incluso longevos, en lugar de repetir lo mismo de lo mismo, y para ello tenemos el ejemplo de Okinawa, cuyos habitantes, desde hace dos mil años a la fecha, y a pesar de haber pasado terribles guerras, viven más de cien años en muy buen estado físico, además de alegres y dispuestos a seguir comiéndose el mundo con la sencilla fórmula del ikigai:

- Ten la voluntad de actuar y de hacer lo que te gusta y apasiona.

- Practica lo que sabes hacer bien para ti y para los demás, cultivando tus talentos y tus dones.

- Cuida de tu entorno y de los demás como si cuidaras de ti mismo.

- Y mantente activo en lo que te da de comer todos los días.

¿TODO ESTÁ EN LA MENTE?

No, no todo está en la mente, pero la mente es la que interpreta y, de esa manera, crea su propia realidad.

La mente y las emociones van unidas, y juntas le dan carácter de verdad a los hechos y a las cosas, de la misma manera que catalogan y etiquetan a las personas expresando, o manteniendo en secreto y en silencio, aquello que dan como su realidad, a veces compartida con un grupo o familia, y a veces de forma particular.

La realidad y los hechos sí existen, pero es la persona la que los infiere, califica e interpreta, de tal manera que lo que es la verdad y la realidad para unos, para otros no es más que una absurda fantasía.

La realidad existe, pero se interpreta con la mente

Sin llegar a los excesos de las ideologías, que también existen y calan en la creación de la propia realidad, incluso las ciencias más exactas, como la física o las matemáticas, pasan por el tamiz de la interpretación y se conforman con la capacidad de repetición sin ir más allá, o bajo la lupa de los intereses, los prestigios y las atribuciones a sus creadores.

Ni el mismo Albert Einstein sería famoso si no

fuera por la enorme publicidad que se le ha hecho como personaje señalándolo como genio, y corroborando, algunas veces de forma sesgada y superficial, sus aportes a la ciencia, y de paso desprestigiando a los científicos que pongan en duda su verdadera capacidad.

La famosa Teoría del Big Bang, promulgada por un sacerdote en los años veinte del siglo pasado, ha sido piedra de toque para la ciencia durante décadas, a pesar de ser absurda, teocrática y nada científica, como lo ha señalado Penrose, pero fue realidad y hasta fuente de fanatismo para muchos prestigiosos científicos.

Las mitologías de diversas culturas tenían teorías muy parecidas al Big Bang: "En el principio no había nada, y de un punto de luz nació el cosmos", y quizá por ello la dichosa teoría tuvo tanto éxito, pues simplemente repetía creencias arcaicas sin tener conocimiento de los hechos que la respaldaran.

Según Aristóteles la realidad se percibe a través de los sentidos, pero ya entonces se sabía que los sentidos pueden alterarse con bebidas y experiencias, viendo lo que nadie ve, oyendo lo que nadie escucha y sintiendo lo que nadie siente, como sucede con la realidad virtual, la supuesta inteligencia artificial y las drogas, y la ciencia no está a salvo de ello.

Y si esto sucede con la "gran ciencia", con el resto de lo que creemos, sentimos y pensamos pasa lo mismo.

Para el ikigai no hay interpretaciones buenas o malas, acertadas o erróneas, pues se basa en el sentido de la vida cotidiana, en la que hay que dejar atrás todo lo pasado, sentido, visto y escuchado, para crear un nuevo día lleno de alegría y esperanza, con la voluntad de actuar para que sea posible, pues esa plenitud existencial es el ikigai, o sentido de la vida.

Para el ikigai todo lo malo también existe, los sufrimientos, las penas, las miserias de las posguerras y de las guerras, pero también sabe que nada o muy poco se gana lamiendo las heridas y sumergiéndose en ellas, dejando a un lado la voluntad de mejorar y actuar en consecuencia para que sea posible.

Si queremos un día mejor al anterior, hay que tener voluntad de actuar para lograrlo, pues nada caerá del cielo o de las manos de las autoridades.

No importa lo que pienses y sientas, ni cómo lo pienses y sientas, sino la voluntad de actuar para cambiarlo y mejorarlo, o para continuarlo y mantenerlo.

LOS DIOSES DEL IKIGAI, SHISAS

Aunque algunos señalen a la cultura de Okinawa como atea, anarquista, comunista, socialista o simplemente laxa de espiritualidad, ya que hasta el día de hoy mantiene su independencia de facto y pensamiento incluso con respecto al país que pertenece geográficamente, Japón, sí cuenta con mitos y dioses, los shisas.

Los Shisas son dioses guardianes de la cultura popular de Okinawa, que la gente pone sobre los tejados de sus casas, puertas de entrada, campo y hasta como figuras de decoración hogareña o personal, que se venden en los mercados.

Algunos los fabrican en casa para no tener que comprarlos, pues se dice que quienes los compran son los perezosos y los turistas, o la gente que se cree rica.

Shisa, el perro-león guardián de Okinawa

La figura y la tradición parecen señalar a la India como fuente original de estas criaturas cuasi divinas, pero no se les arroga más milagro que el de hacer acto de presencia, pues los ancianos del lugar dicen claramente que en realidad no sirven para nada como entidades protectoras, pero que sí recuerdan la necesidad de mantenerse independientes de las influencias y las creencias externas.

Cuando ha habido guerra terrible y cruenta, cuenta el centenario padre de Taro Tamura, los shisa no han protegido de la muerte a nadie ni a nada, pero ahí están.

"No dejes en manos de los dioses lo que pueden hacer tus manos", reza el refrán ikigai, señalando que se puede vivir plenamente cada día sin el concurso o interferencia de los dioses.

La trascendencia, o existencia después de esta vida, tampoco es importante para el ikigai, pues se da por hecha, "lo que existe, existe, sin más", y lo que importa en realidad es el presente de esta vida, el día a día, lo cotidiano, porque en realidad no tenemos nada más para ejercer la voluntad de actuar y gozar de ella.

Se respeta lo que se debe respetar, pero se mantiene la libertad e independencia de pensamiento, acto y obra, algo ajeno del todo a la supuesta voluntad de los dioses, el destino o la suerte.

Si hay algo más, bien, y si no lo hay, también, pero sin perder la consciencia de que lo que no hagas tú por ti mismo, nadie lo va a hacer por ti.

No hay magia que no se venza con la voluntad y la acción.

No hay destino que no se pueda moldear con voluntad y acción.

Todo lo demás son juegos de la mente, algunos agradables y otros absurdos, pero juegos al fin y al cabo que nunca son capaces de llenar la existencia, aunque sirvan de caramelo en determinados momentos.

Tú decides y actúas incluso cuando te aíslas y te dedicas a no hacer nada de nada, de la misma manera que cuando decides ser activo y productivo, porque ambas cosas son fruto de tu voluntad.

Tradición y modernidad

Okinawa es una prefectura de Japón, una isla rodeada de un archipiélago de 160 islotes, con grandes empresas, como MRO, que miran más hacia la sostenibilidad ambiental y al bienestar de sus trabajadores, que al simple lucro, con miras al mundo entero en lugar de centrarse solo en el Japón, por lo que se deslindan de emporios como Toyota y apuestan más por sus propias empresas.

El comercio es más internacional que local, porque a diferencia de otros nipones, los habitantes de Okinawa son poco consumistas, sobre todo de las cosas y novedades tecnológicas, por ejemplo, que no necesitan.

Si no es necesario, no se compra.

Si está muy caro o se le ha inflado el precio, no se compra.

Se compra solo lo que se necesita o lo que no se puede hacer o conseguir por uno mismo, lo demás no se compra.

El comercio internacional sirve más para mantener sana y limpia a la isla, que para llenar los bolsillos de unos pocos.

No son avaros ni tacaños, son pragmáticos y libres de influencias publicitarias.

Son frugales en sus comidas, aunque no les falta de nada.

Hacen ejercicio todos los días.

Cuidan de su mente y se su cuerpo.

Se mantienen activos y productivos toda la vida.

A Okinawa se le conoce como "El punto azul de la longevidad", pues es la que cuenta con más centenarios con buena calidad de salud y de vida.

Hay pocos ricos, y muchos menos pobres.

Y sus tasas de delincuencia y enfermedades son muy bajas, y el suicidio es prácticamente inexistente.

Sus paisajes son exuberantes y hermosos, y su clima suave y subtropical todo el año.

Aunque en la actualidad se celebran bodas al estilo católico y se celebra la Navidad y el Año Nuevo al estilo occidental, su fiesta tradicional es el Festival Qingming, o Día de Barrido de Tumbas, en el mes de Shigatsu (abril), que se realiza para reunirse con los antepasados y hablar con ellos respetuosa y amigablemente.

Su estilo de vida sigue siendo muy tradicional en muchos sentidos, como en la manera de moverse y transportarse, sembrar y recolectar, pescar y divertirse, por ejemplo, cuentan con bailes, cantos e instrumentos musicales hechos de bambú que se pierden en la noche de los tiempos y que se conservan aún.

Los bueyes siguen tirando del arado y de las carretas como hace más de mil años, y las mascotas siguen gozando de cariño y respeto.

Son ecologistas desde siglos antes de que se pusiera de moda el ecologismo, por lo que incluso sus empresas más industriales son limpias y sostenibles.

Como en las leyendas de Izanami e Izanagi, la higiene y la limpieza son prioritarias en la vida diaria.

Sus divinidades, por tanto, no superan el culto al ikigai de la vida diaria, es decir, a vivir con un propósito sencillo, positivo y saludable que les permita una existencia satisfactoria, sana y longeva, producto de su propia voluntad y capacidad de acción, nada más.

Transporte actual en Okinawa

EL AMOR IKIGAI

Para el ikigai, si no hay cariño, respeto y cuidado entre las partes, no hay amor ni se debe enlazarse con el otro para formar una familia.

La pasión, la sensualidad y la sexualidad son cosas de la intimidad que no necesariamente tienen que ver con el acto y la decisión de formar pareja y familia.

El amor se demuestra sutilmente, con detalles, miradas o sonrisas veladas, y las caricias, los besos y los abrazos pertenecen a la discreción y la intimidad, lejos de miradas ajenas.

El enamoramiento y la pasión pueden ser de una etapa o un momento "amor de cerdos", pero el amor de pareja es para siempre, "amor de aves".

Y no es que los cerdos estén mal considerados, pues a veces también son estables y fieles con su pareja, pero no son tan responsables ni atentos con la pareja y su descendencia, como lo son las aves.

También existe el amor de respeto y ayuda con el grupo, el pueblo, la familia o las amistades, que a menudo es más sólido y duradero que el amor de pareja, y mucho más que el amor pasional.

Mientras que el amor a la vida y al propósito de vivirla plenamente y satisfecho, como amor a uno mismo y a su propia experiencia vital, es el más importante, por lo que hasta las personas solteras pueden gozarlo y experimentarlo de pleno.

La sexualidad y la maternidad y paternidad, puede ser como la de Izanami e Izanagii, constante y prolífica, pues se realiza a cada vuelta y a cada encuentro, todos los días y a cada momento, siempre activa y receptiva, como cualquier otro acto cotidiano. Pero también puede ser moderada y sensitiva, sin excesos y siempre discreta y adscrita a la más profunda intimidad, y, sin embargo, satisfactoria para ambas partes, sobre todo si prima el cariño, el cuidado mutuo y el respeto.

Formar familia es toda una responsabilidad, un

acto de voluntad y decisión compartidas, para que sus frutos no se interpongan en el ikigai de cada uno, sino que se complementen para llevar una vida plena, tranquila y productiva.

Valores, arte y cultura para los hijos

Los hijos son fruto de limpieza mutua, formados, queridos y cuidados, pero independientes a partir del momento en que pueden valerse por sí mismos. A ellos se les transmiten los valores y la cultura, como se transmiten entre la pareja, pero también se aprende de ellos día a día.

Legalmente, el matrimonio en Japón no puede realizarse antes de los 18 años de edad, pero en

Okinawa hay enlaces más prematuros que se celebran en toda clase de ceremonias, desde las muy tradicionales, hasta las de aire occidental, que se certifican ante la ley cuando los contrayentes cumplen la mayoría de edad.

Curiosamente, estos enlaces prematuros, mal vistos en Occidente, suelen durar toda la vida y ser felices y productivos, pues se realizan por voluntad y decisión propia, sin intereses de por medio ni presiones sociales o familiares.

Aunque pocos, también hay matrimonios en la edad madura o en la tercera edad, lo mismo que hay personas que se mantienen solteras toda la vida, o que no vuelven a casarse después de enviudar, sin que ello interfiera negativamente en su ikigai.

EL BIEN Y EL MAL IKIGAI

Para la filosofía Ikigai no hay bien ni mal, sino elecciones de cada persona que solo puede y debe rendirle cuentas a su honor y a su alma, a nadie más.

Cada uno de nosotros sabe al poner la cabeza sobre la almohada, lo que ha hecho durante el día, y puede perdonarse o no, justificarse o no, pero lo sabe y con eso basta, porque puede haber descaro o cinismo interior o exterior, pero el hecho es el hecho de todas maneras.

Se dice que nadie puede ser feliz y dormir a pierna suelta si está mal con eso que llamamos conciencia, y que el sentido de la vida que propone el ikigai es la paz del alma, la tranquilidad de conciencia y la plena felicidad es incompatible con los que se portan mal, pero eso no siempre es real y hay gente considerada malvada que vive y duerme bien, y que nunca paga en esta vida ni en la próxima por sus acciones.

Además, cada cultura tiene construcciones sociales sobre lo que se debe y lo que no se debe hacer, algunas básicas y elementales, y otras del todo absurdas e injustas, donde robar y abusar de los débiles y los pobres es una virtud, pues se hace supuestamente por su bien, y molestar a los ricos y poderosos es un pecado o un delito que se paga con los infiernos, con la esclavitud o con la muerte.

En la filosofía ikigai se tiene la consciencia de que el bien y el mal son conceptos difusos tan abstractos como interesados, formativos y de control social, y no una consecuencia de felicidad o desdicha, porque los que hacen las leyes pueden modificarlas a su gusto y conveniencia, y formar a las élites en el sentido que son impunes y buenas, porque incluso sus latrocinios y asesinatos son prerrogativas por estar en lo más alto, con lo que el bien y el mal son para el pueblo llano, no para ellos que están por encima de esas futilidades.

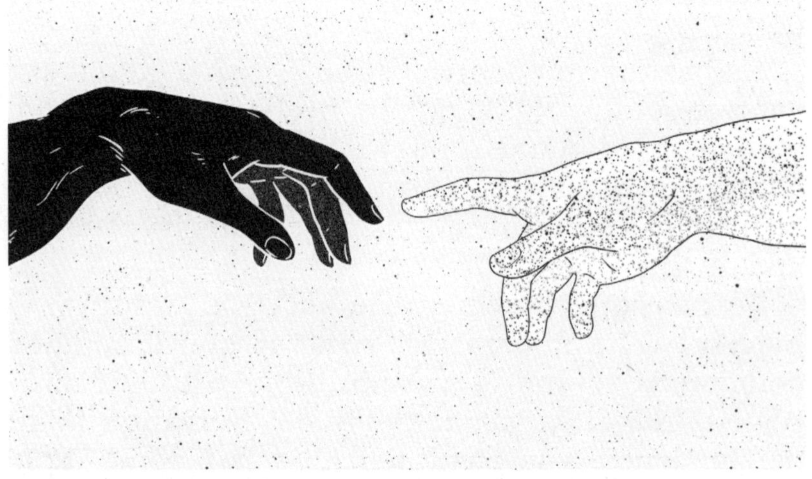

¿Y si el bien y el mal se dan la mano?

El bien y el mal a menudo se dan la mano, por eso, la filosofía ikigai no recomienda en sus cuatro emanaciones fundamentales hacer el bien o hacer el mal, sino vivir con un propósito donde la pasión, la vocación, la solidaridad y el mantenimiento de las necesidades físicas y materiales, le den sentido a la experiencia existencial, que es más agradable y gozosa si esas cuatro emanaciones son congruentes en el hacer, actuar y elegir de la persona.

"Si no lo sabes, no opines; si no te nace, no lo pruebes; si no lo ves correcto y razonable, no lo hagas; y si no te da para comer, dedícate a otra cosa".

¡ACTÚA!

Desde hace miles de años, cuando Okinawa era una isla perdida en el Pacífico, el tener conciencia y conocimiento de la vida y sus avatares, daba una claridad de acción y voluntad a las personas, y, en cierta manera, y pese a la modernidad y sus influencias, lo sigue siendo.

Sin voluntad de acción no hay prácticamente nada. Lo que te atrae, gusta, sueñas o deseas no suele llegar sin más.

Pero piensa bien antes de actuar y cuida mucho tus palabras, pues la palabra dada, al menos en Okinawa, es sagrada y puede convertirse en una llave para abrir la puerta de la felicidad y la libertad, pero también puede cerrar la puerta y transformarse en una losa que te atrape y no te deje vivir ni respirar tranquilamente.

El ikigai nos dice: "Siente, piensa, habla y actúa, por tanto, de la mejor manera posible. Rectifica cada día al despertar, si te es posible, y si no, cumple hasta agotar la palabra dada para que puedas ser libre al actuar nuevamente".

VIII
El valor y el honor en la palabra dada

¿Qué es el honor?
El honor es la palabra dada,
que se rompe y te envilece
cuando no cumples,
estafas o engañas,
y te dañas tanto o más
que a las personas que dañas.

Sé dueño de tus silencios,
y más dueño de tus palabras.
Suzuki

Hablar es fácil, prometer no empobrece, como dice el refrán, cumplir es lo que aniquila, pero también lo que salva.

Tanto en el ikigai, como en gran parte de Japón, la palabra dada es sagrada, y también un arma que hiere, o un salmo que cura y calma.

"Si no puedes mejorar el dulce tono del silencio, lo mejor es que no hables y que guardes tus palabras".

No siempre lo que dices es exactamente lo que sientes ni lo que piensas, porque lo que expresamos verbalmente pasa por varios filtros de oportunidad, cultura, educación y socialización, lo que nos recuerda que la pura y clara sinceridad no está bien vista y suele no ser aceptada de buena gana por los demás.

El anciano padre de Taro Tamura asegura que la verdad tampoco suele ser del agrado de la mayoría.

"No te afanes en pensar como los demás, conque seas capaz de pensar por ti mismo es más que suficiente."

No es nada nuevo seguir la corriente de las masas que se suman a una mentira por ahorrarse el trabajo de pensar, o por temor a no quedar bien ante los demás, las religiones son prueba de ello, y hasta los filósofos más famosos, como los científicos de nuestros días, generalmente tienen buen cuidado de no ir contra las cómodas creencias de la humanidad, aconsejándote bondad, humildad y pobreza, o hasta estoicismo, que ellos nunca practicaron ni practicarán, con las honrosas excepciones de los cínicos, como Diógenes, que sí practicaba lo que predicaba.

"No sigas palabras que no hablan con la verdad, y, en lugar de confrontarlas y señalarlas, procura cumplir con las tuyas".

Para el ikigai no hay honor en la palabra pacata y convenenciera, y por eso mismo entre sus filas no hay autores que se arroguen la creación del sentido de la vida, y mucho menos que finjan o mientan descaradamente.

Que un rico descendiente que no ha pasado miseria alguna te pida que seas frugal, para el ikigai es una verdadera majadería.

Dar consejos es fácil, lo difícil es dar ejemplo.

Los gobernantes desde el principio de la civilización, hace más de 10 mil años, le piden al pueblo que sea bueno, honesto y trabajador, cuando el poder que ostentan está lleno de maldad, corrupción y total ausencia de esfuerzo por ganarse el pan con el sudor de su frente.

Las promesas que ilusionan y encandilan a las sociedades laxas, son papel mojado para el ikigai tradicional.

El ikigai no es de las masas ni de las conveniencias políticas, económicas o sociales, es personal, de todos y cada uno de nosotros, sin falsas palabras de ayuda o tendencia a la dependencia mental o emocional, por eso la gente que comprende su propio sentido vital, no sigue consignas ajenas ni habla cuando debe callar.

En el ikigai no hay un Marco Aurelio Emperador que escriba que se debe ser paciente y humilde, amante de la naturaleza y la humanidad, mientras se asola poblaciones enteras para imponer por la fuerza el dominio que se arroga como potestad. *Las meditaciones* son sin duda un tesoro para Occidente, pero para el ikigai y el pensamiento oriental resultan muchas veces contradictorias.

Las contradicciones y paradojas de la vida ikigai no van por ese sentido de "no hagas lo que yo hago", ni por el de "tú pórtate bien mientras yo me porto mal" en la filosofía esencial del ikigai, que apuesta por buscar la congruencia y el equilibrio entre lo que se siente, lo que se piensa, lo que se dice y lo que finalmente se hace.

Y no es que lo ajeno esté bien o esté mal para el ikigai, se cumpla o no se cumpla con la palabra dada, sino que no es lo suyo.

EL VALOR IKIGAI DE LA PALABRA DADA

En no pocas culturas de este planeta llamado Tierra, y hasta hace menos de un par de siglos, el valor de la palabra dada era una cuestión de honor que se respetaba en casi todos los ámbitos, desde el comercial hasta el amoroso, y desde lo más sencillo de cumplir, hasta lo más difícil y complejo.

Como escribió Durkheim, no hacía falta firmar documentos para cumplir con un encargo, una compra o una venta, bastaba con la palabra, sobre todo entre el pueblo llano, porque a medida que la riqueza y el poder penetraban en los hombres, la palabra iba perdiendo valor y las mentiras se incrementaban.

Las mafias de poca monta, como empezó la propia Yakuza, podían estar del todo al margen de la ley, pero tenían un código de honor donde la palabra dada era sagrada.

Unir los meñiques, la promesa sagrada

Unir los meñiques al hacer una promesa, obligaba de tal manera, que quien rompía su promesa o faltaba a su palabra entregaba su meñique cercenado (*yubitsume*) a la parte engañada u ofendida.

Muchas de esas mafias eran revolucionarias y le disputaban la autoridad a señores shogun y emperadores, siendo incluso más leales y menos corruptos, más sinceros y más cabales, con la población, con lo que se ganaban el respaldo, protección y hasta complicidad del pueblo.

Gracias a esos grupos de poder alternativo, la desobediencia civil nipona se hizo fuerte contra la esclavitud y contra el aislamiento, una desobediencia civil poco habitual en el resto del mundo a pesar de pensadores como Henry David Thoreau, que luchó a brazo partido para que la sociedad norteamericana no pagara impuestos injustos ni secundara leyes descaradamente parciales e interesadas, donde la corrupción y la impunidad imperaban.

La desobediencia civil sigue funcionando en Okinawa, cuya población sigue diciendo no a la guerra, a pesar de haberla sufrido en carne propia, sí a la apertura y a las relaciones de todo tipo con el mundo exterior, desde mucho antes de la Restauración Meiji, como ha dicho siempre que sí a que sus negocios y empresas sean sostenibles y respetuosos con el medioambiente, entre otras muchas cosas, porque así es su tradición y en ello han dado y mantenido su palabra.

Honra tus emociones y sentimientos.
Honra tus pensamientos.
Honra tu trabajo.
Honra a tu familia.
Honra tus dones y tus talentos.

Y, sobre todo, honra tu palabra y cuídala, porque esta puede ser filosa y cortante como una espada, o sanadora y suave como los pétalos de una hermosa flor; o simple y sencillamente, calla, sin olvidar que muchas veces el silencio también es una forma de hablar sin palabras, donde los actos y el ejemplo que das con ellos, son los que verdaderamente hablan.

ZEN E IKIGAI

Nunca me cansaré de decir que el zen clásico japonés, y de otras partes del Antiguo Oriente, no tiene nada qué ver con el budismo zen tan publicitado, repetido y enquistado que aparece en un sinnúmero de textos actuales.

Antes de que el monje Hui Ko se cortara un brazo para llamar la atención del Bodhidharma, ya existían monjes Zen, sin monasterio ni reglas más allá de aspirar a alcanzar la lucidez y un sentido de la vida claro y escueto.

"Cumple con lo que dices, cumple con tu palabra", aunque tengas que cortarte un bazo o un dedo para no deshonrarlas.

Hui Ko, el monje zen que se cortó el brazo para hablar con Buda

Para ese zen clásico, el sentido de la vida era simple y sencillo: sentarse, contemplar y vivir, porque cualquiera en cualquier momento podía tener la epifanía sobre la lucidez; no había méritos ni restricción alguna.

Por tanto, era y daba lo mismo aquello que se hiciera con la propia vida, bueno, malo, sabio o ignorante, porque lo único importante era darse cuenta de que se estaba vivo, y que el resto eran conceptos e invenciones de los humanos para sobrellevar la vida, a veces lúcidos y certeros, y otras veces ilusiones, intereses o pura fantasía.

"La vida es una ilusión" empataba con el maya budista, pero no la adoración a nada ni a nadie por Buda que fuera.

Sentarse a observar o contemplar la vida, esa es la esencia del zen clásico, nada más ni nada menos, por lo que todas las palabras sobraban y se convertían en mentira cuando eran expresadas, perdiéndose entre los sonidos de la naturaleza sin decir específicamente nada.

El ikigai, aunque tenga muchas similitudes con el zen clásico, y algunas menos con el budismo zen, se aparta de ambos al señalar al sentido existencial vital como un propósito de la sencilla vida diaria.

Por ejemplo, el despertar iluminado del budismo zen, tanto como la lucidez de entender las falsedades del mundo del zen clásico, son hechos culturales con visos de salvación o trascendencia más allá de lo cotidiano.

El sentido vital y existencial del ikigai no adora ni admira a nadie, y tampoco lo desprecia, y si bien acepta la vida contemplativa y hasta la tolera, es consciente de que las necesidades cotidianas no se cubren ni cumplen con palabras, ideas o inactividad comodina y laxa.

Si un monje, además de meditar y soñar con el Nirvana, produce lo que consume, para el ikigai no hay problema alguno; pero si no produce lo que consume, no merece aplausos ni seguidores, y mucho menos comida diaria.

Incluso el más pobre de los pobres y el más espiritual de los espirituales, necesita alimentar su cuerpo para no morir literalmente de hambre, porque hasta los animales que alimenta el ser humano, ponen algo de su parte y se ganan su techo y sustento, porque de no hacerlo morirán con la piel pegada a los huesos.

La vida para la filosofía ikigai no se trata simplemente de vivir o de seguir los pasos de un iluminado en espera de salvación o milagros, sino de que la vida tenga un sentido claro, práctico y cotidiano, sin palabras que prometan lo que no puedan ni sepan que van a cumplir.

"A menudo las palabras de los dioses valen menos que el croar de las ranas".

¿SE PUEDE PENSAR Y SENTIR SIN PALABRAS?

Sí, muchas personas sordomudas de nacimiento pueden corroborarlo, pues pueden vivir, sentir, pensar y trabajar sin palabras, sobre todo en comunidades aisladas y no contaminadas por aquellos que pretenden salvarlos y llenar de palabras y textos su vida, cuando todo el mundo puede expresarse y hasta hablar y dar mensajes claros con la mirada, la actitud, los gestos del cuerpo, de las manos o de la cara, y hasta dar o hacer señales de alarma sin proferir una sola palabra.

Se puede pensar y sentir con imágenes, emociones positivas y negativas, evocaciones, sonidos y olores, también con recuerdos y hasta con ilusiones e imaginaciones, recreando un universo único donde no existen las palabras ni pensadas ni escritas.

El silencio ikigai

Sí, también se puede mentir y engañar sin decir nada, en completo silencio, a veces sin querer, porque la interpretación ajena no la podemos controlar, y otras veces queriendo cuando sí sabemos la manera en que los demás nos interpretan.

El ikigai es personal, pero no estamos solos en este mundo ni escondiéndonos en una caverna, porque los residuos de nuestra comida saldrán al mundo externo y hablarán de nosotros, interpretándonos como mejor les parezca.

Un simple mohín puede hablar de enojo o tristeza.

Un simple suspiro puede hablar de amor o melancolía.

Un gesto de malestar o de queja puede despertar en los demás lástima y deseos de ayudar a quienes en aparente silencio se quejan.

Pensar y sentir sin palabras

Por otra parte, el silencio puede ser muy explícito, tanto si se trata de un silencio indiferente, de respeto, de prudencia, de total desconocimiento o ignorancia, o incluso de negación implícita ante lo que dice su interlocutor.

El silencio puede denotar madurez y sabiduría, pero también ignorancia, por lo que a veces pierde su halo de magia y misterio cuando por fin el silente se atreve a proferir lo que piensa y tanto calla.

En el ikigai tradicional el silencio se debe realizar reflexivamente y con respeto, para que ese mismo silencio sea capaz de crear un mundo mejor y nuevo.

El silencio puede abrazar sin temor a la soledad, de la misma manera que puede abrazar a una comunidad entera que entiende positivamente lo que es el silencio.

En silencio se aprende mejor y se puede escuchar la voz del alma lo mismo que la fresca música de la naturaleza.

Crear un nuevo mundo y mejor desde el silencio

Por descontado, el ruido escandaloso y necio es enemigo del silencio, pues no deja pensar, alimenta las emociones y los malos sentimientos, y anula la propia voz.

Por eso, los votos de silencio de muchas cofradías se centran tanto en la reflexión como en el guardar misterios o secretos de la orden.

HABLAR CON ACCIONES

Le ponemos nombre a todo, hasta aquello que sentimos y nos nace del alma, y sí, muchas veces las palabras no son suficientes para expresar con claridad lo que se siente y lo que se piensa; o bien, están contaminadas y no hay forma de expresarlas sin que parezcan sesgadas, pomposas, ingenuas, ignorantes o trasgiversadas, por lo que hay que callar y reflexionar antes de expresarlas.

Así las cosas, el ikigai recomienda hablar con la acción, no decir lo que se va a hacer o lo que se siente en el fondo del alma, sino actuar para que las acciones sean las que hablen, como sucede con el verdadero amor, que se demuestra más allá de las frases lisonjeras y sobadamente románticas.

En casi todo el mundo las palabras hermosas y las frases supuestamente elevadas, lo mismo que las promesas que no se van a cumplir, o las que ilusionan para convertirse en olvido, traición o nada, son más populares que las que intentan decir una verdad, o los actos de sencillez y cuidado, porque se ha acostumbrado a la gente a vivir de ilusiones que parecen dulces, en lugar de verdades que por dulces que sean se han vendido desde hace miles de años como amargas.

Por eso, es frecuente que el silencio sea oro, y

que en muchas y diversas ocasiones sobren las palabras.

"Di sin ambages lo que sientes y lo que piensas, y actúa en consecuencia y congruencias con dichas palabras", nos dice el ikigai, por más que el sentido común nos aconseje a ser cautos, cuidadosos y respetuosos tanto con nuestros silencios como con nuestras palabras, porque hasta las más sinceras y sencillas palabras, como toda acción humana, pueden tener repercusiones y consecuencias.

IX
La repercusión de las acciones y las claves del ikigai de la felicidad

Cada paso que das,
cada brizna de aire que respiras,
cada sorbo de agua que bebes,
cada rosa que cultivas,
cada abrazo que das sinceramente,
cada ser que evitas aniquilar,
repercute en el sentido de tu vida
y en la existencia de los demás.

Proverbio Zen

La repercusión de tus acciones actúa, principalmente, en ti mismo, en tu persona, en tus deseos, tus sueños y tus pasiones, consiguiéndolos y disfrutándolos plenamente, o rebajándolas a vicios o a torpes e ingenuas distracciones, en las que pagas porque te diviertan, distraigan o emocionen, porque tú eres incapaz de hacerlo por ti mismo.

También inciden, positiva o negativamente, en el desarrollo de tus habilidades, talentos o dones, que puedes elevar y perfeccionar, alcanzando el éxtasis y la felicidad, o puedes echarlos a perder malvendiéndolos, abandonándolos o utilizarlos para cosas poco constructivas y nada bellas, e incluso mortales y peligrosas, como les sucede a tantos científicos y artistas.

Ni qué decir de que pueden ayudar a hacer un mundo mejor, a salvar a una persona o a una comunidad, a mejorar el entorno y garantizar el futuro de la humanidad y, de manera especial, de los descendientes, así como de la flora y de la fauna que comparten con nosotros la vida en este planeta; o bien echarlo todo a perder y empeorar tanto las relaciones humanas como el hábitat que nos circunda.

No faltan las repercusiones económicas positivas cuando se obra bien, correcta y eficazmente, asumiendo retos y responsabilidades; o negativas si no se gana lo suficiente para comer y pagar las deudas. Una buena administración puede hacer florecer una pequeña empresa, y una mala administración puede hundir una empresa trasnacional, afectando la vida y los ingresos de los trabajadores que han confiado en ella y que le han entregado su vida, olvidando que la vida es personal y que no se puede entregar a nadie más, y mucho menos a una empresa.

Tus actos repercuten en ti, pero también repercuten en los demás, dañando de manera innecesaria a los que te rodean, y al mundo en general.

Por supuesto que hay errores y accidentes, incluso buena fe en algunos de nuestros actos, que ya sea por ignorancia, soberbia, vanidad o torpeza, acaban por arruinar sueños, trabajos, medioambiente y a todo tipo de personas que se encontraban en el lugar y momento menos indicado para su salud o aspiraciones.

Un piloto de aviación puede arruinar la vida de cientos de personas que tenían planes, familia, un buen ikigai, fortuna o deseos de viajar y conocer mundo.

Un mal gobierno, de los que hay tantos en el mundo, o una guerra, arruinan la vida de propios y extraños, y lo hacen sin consideración alguna, ya sea por poder, miedo o burdos y sucios intereses económicos.

Y no, no hay gobierno bueno cuando se corrompe quien manda, ni guerra santa o liberadora, y, sin embargo, cuentan con la anuencia y participación de los pueblos, que en masa carecen de pensamiento positivo y del más mínimo ikigai o sentido positivo y vital de la existencia.

Tamashii, *el alma individual del ikigai*

Para el ikigai no hay sentido de la existencia vital cuando el ser se entrega a las multitudes acéfalas y sin alma (*tamashii*), y mucho menos espíritu trascendente (*reikon*).

El día que todos y cada uno de los ciudadanos sean buenos y tengan claro su ikigai, o propósito en la vida, ese día dejará de haber guerras y gobiernos.

TODO REPERCUTE

Hagas lo que hagas, incluso si crees que no haces nada, todo repercute dentro de ti y a tu alrededor mientras estés vivo en este planeta, y a menudo sigue repercutiendo una vez que haz muerto.

Respirar, algo que se hace de manera automática e inconsciente, es todo un acto de vida que repercute en tu organismo, dándole energía y vida, en las bacterias que inspiras y espiras, en el aire que te circunda, y en la respiración del mundo entero, pues extraes oxígeno y espiras anhídrido carbónico.

Si tu respiración lleva ciertos virus y hongos, puede contaminar el ambiente y contagiar a los demás, y si el que los expele es otro, serás tú quién pueda salir contagiado por compartir el aire.

Lo que ves, o lo que crees ver pues puede ser una ilusión óptica o un malentendido visual, afecta tu mente, tus emociones, tus sentimientos y tus pensamientos, tanto de manera positiva como negativa, dándote júbilo o espanto, celos y rabia, o la confirmación de un amor correspondido.

En un simple plano podemos ver un torbellino

Vemos y emitimos luz al ver, e incidimos con nuestra observación hasta el comportamiento entre partícula y onda a los fotones, o alentamos o inhibimos el comportamiento de la gente observada.

Nuestro sentido visual es muy limitado, pero muy incisivo, porque creemos lo que vemos, y desde nuestra visión juzgamos al mundo, a la física y a las personas.

Damos por cierto la parte por el todo, y el todo por la parte, como hacen los astrónomos, por lo que percibimos visualmente y no por lo que sea realmente, y esa visión repercute en muchas mentes que ni siquiera han visto algo, sino que confían en lo que creen haber visto.

Nuestra visión del mundo, que proviene de nuestra cultura y educación, repercute para bien o para mal en otras culturas, sumando o restando, entrando en conflicto y enfrentamientos, o sincretizándose o colonizándose por una o por ambas partes.

En un lugar del mundo, como Oriente u Occidente, pensamos de una manera y vemos las cosas y los hechos a nuestro corto entender, y, en lugar de pensar y analizar lo que realmente pensamos, es y sucede, nos da por creer que nuestro pensamiento es el verdadero y el acertado, y, no contentos con ello, queremos que el resto del mundo piense como nosotros so pena de despreciarlos, castigarlos o conquistarlos para que piensen como nosotros.

Sin haber un solo dios verdadero, porque todos son inventados, insistimos neciamente que el único, bueno y real es el nuestro, y que los demás son demonios o supersticiones salvajes, cuentos y leyendas para niños sin entendimiento.

La misma ciencia que se pretende exacta, pasa en ocasiones por el sesgo del pensamiento único, la teología y la ideología, señalando de capitalista o de comunista las teorías que la sustentan.

Hay que ponerlo todo en duda, han dicho pedagogos y maestros del pensamiento, menos a la misma duda, porque de hecho el alumnado más que aprender a dudar, repite las consignas sin indagar sus presupuestos.

El pensamiento repercute y a veces se hace global, o sectario y pretendidamente secreto, sin ocuparse en realidad del pensamiento.

"Piensa en lo inmediato del día a día. Experimenta y comprueba, y actúa en consecuencia", nos dice el ikigai, sobre todo cuando no tenemos elementos para corroborar o denegar el pensamiento ajeno, científico, escolar o académico.

"Aprende, no creas", aconsejan los ancianos de Okinawa, y ya que piensas, aunque sea a tu nivel y en tu cultura, porque nadie puede evitar pensar en este mundo, procura hacerlo positivamente y de manera práctica dentro de tu entorno.

Aprendemos inevitablemente desde que nacemos hasta el último aliento de nuestra existencia vital, y enseñamos, queriendo o sin querer, a los demás, el problema es que a veces insertamos en la mente creencias que para nada son pensamientos, sino repeticiones y comodidad para el alma y para el cerebro.

Lo que recibimos, lo damos, a veces sin quererlo, pero lo hacemos, tanto con lo que oímos, olemos, palpamos o imaginamos e inventamos, lo falso y lo real, la mentira y lo verdadero, desde nuestra persona hacia el resto de la humanidad, comenzando por nosotros mismos, los que tenemos cerca, y llegando hasta lo más lejos.

En suma, todo lo que sientes, percibes, vives, crees, piensas y expresas con el alma, la mente y el cuerpo, la palabra o el trabajo, repercute en ti y en todo el universo, como la metáfora, o teoría del caos, de las alas de mariposa que al aletear suavemente en Okinawa se convierten en un poderoso ciclón en América.

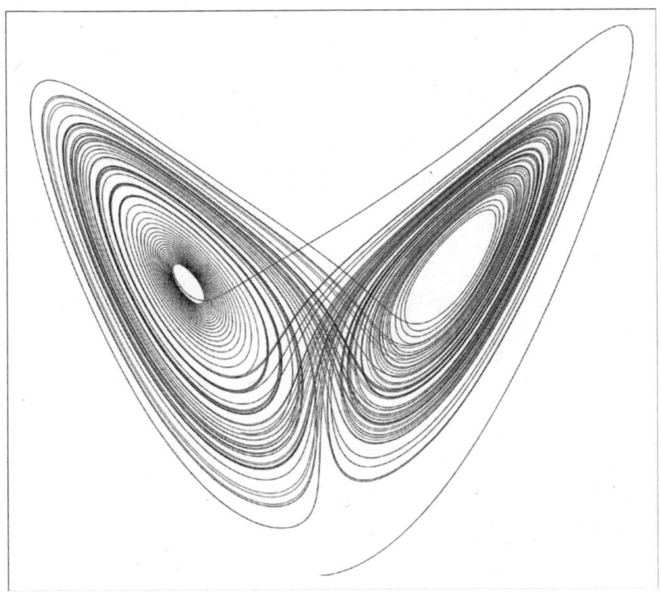

La teoría del caos del efecto mariposa

LO SENCILLO Y LO COMPLEJO

Sí, el mundo es complejo y está lleno de incertidumbre, maldad, abuso, corrupción, injusticias, crueldades, intereses, clases, castas, desigualdades, influencias externas nefastas, élites que se aprovechan de la ignorancia, importancia, negligencia o laxitud de miles de millones de personas que las alimentan, enaltecen, admiran y aplauden, aunque se les masacre y se les desprecie.

Hay guerras y masacres por casi todo el planeta, entre bandas criminales, entre países, entre gobiernos, entre familias, entre vecinos y hasta en contra de uno mismo, que matan en su afán de poder y de triunfo sin que les tiemble la mano o el alma, total, todos morimos, unos primero y otros después, pero a todos nos alcanza la muerte, cuando lo importante no solo es matar o morir, sino vivir, que es lo que se nos escapa cada día de rencor, allanamiento y venganza.

Somos animales, nos recuerda el ikigai, y como animales somos mezquinos y violentos, depredadores y víctimas, pero también somos humanos y podemos ser felices y exquisitos.

El mundo es a veces terrible, malvado y complejo, pero la persona puede ser feliz y apartarse de todo ello. ¿Cómo?

Las claves ikigai de la felicidad

El ikigai propone las siguientes claves para que el sentido de la vida sea grato para todos y cada uno de los individuos que habitan el mundo:

Las cuatro emanaciones elementales de la felicidad

Sé tu mismo desees lo que desees.

Aplícate en lo que sabes hacer bien y no estorbes ni molestes a los demás en sus ocupaciones o en su vida.

Cuida de tu interior y de tu exterior, porque no estás solo en el mundo.

Haz lo que debes hacer de manera responsable y positiva.

Cobra por lo que produces y paga por lo que consumes, con intercambio o con dinero.

Estas son las cuatro emanaciones ikigai de la felicidad y el propósito de la vida:

Pasión
Vocación
Misión
Profesión

Nada más y nada menos, sencillas y aplicables todos los días de la vida, tanto hace más de mil años, como en la actualidad, y válidas tanto para la gente sencilla que no vive bajo la opresión de la modernidad y la tecnología, como para las personas que viven y se desenvuelven en los ambientes urbanos.

Otras claves no están de más, y nos ayudan a comprender la filosofía ikigai, a pesar de que a veces son más difíciles de aplicar en determinados contextos, debido a que la información y las formas de vida se han vuelto más complejas y a menudo dejan poco tiempo para la reflexión.

SÉ UNO, SÉ FAMILIA, SÉ GRUPO, PERO NUNCA SEAS MASA

Nadie puede comer ni defecar por ti, así que ten consciencia de que eres uno.

También ten consciencia de que tienes un entorno, una familia, un grupo o un pueblo a tu lado, con los que convives, participas, negocias o haces alianzas, y tienes obligaciones y responsabilidades, además empatía o afecto, o incluso cierto rechazo en determinadas ocasiones.

A pesar de estos lazos, no debes dejarte llevar por la corriente, la locura común, la masa acéfala, las guerras de otros, los temores y las alarmas de la mayoría, ni los intereses que parecen comunes, pero que en realidad no lo son.

Mantén tu carácter y tu personalidad, piensa antes de actuar o de tomar cualquier decisión, y no tomes partido por nada ni por nadie, toma partido por ti y para ti mismo, porque si crees que sumarte a la masa te va a ayudar, proteger o dar prestigio, estás en un error, y peor si crees que alguien te va a agradecer de verdad tu compromiso, pues cuando mucho le van a dar un caramelo a tu ego, sin importarle a la masa cuál será tu destino.

La masa absorbe y obnubila, utiliza y masacra, a cambio de nada, como lo que le da al ingenuo soldado que utiliza como carne de cañón: muerte, mutilación y una vida oprobiosa y desgraciada.

EL PROPÓSITO O SENTIDO VITAL Y GOZOSO DE LA EXISTENCIA

No creas en quien te venda esperanzas de una próxima felicidad que nunca llega, de una vida premiada o castigada en el más allá, o en la promesa de que mañana o pasado mañana se arreglarán las cosas y por fin podrás descansar y gozar de la existencia.

Hay quienes creen que su propósito en la vida es sufrir, sacrificarse, esperar la gracia de Buda o de los dioses, y hasta pueden tener momentos de gozo lamiendo sus heridas y causando lástima y pena ajena, pero ese no es un propósito, es un lanzarse al vacío de la inseguridad y la propia negligencia.

Si tu propósito en la vida es gozar y disfrutar de la existencia a pesar de todos y de todo, puedes hacerlo cada día y cada noche tras despertar; mientras que si prefieres sufrir, no te quepa la menor duda, sufrirás.

Tú decides, porque la vida es la vida y la experiencia existencial tiene las puertas abiertas para que elijas el camino que creas más conveniente.

Nadie más es responsable de tu existencia que tú mismo.

Un ikigai de gozo y felicidad puede con todo, mientras que uno de sufrimiento y padecer, no puede con nada.

FRUGALIDAD

Come de todo lo que puedas y quieras, vegano, vegetariano o carnívoro.

En Okinawa la dieta es variada, más rica en productos del mar, como las algas, los mariscos y los peces, acompañada de cereales, tofu, verduras y frutas, y algo de carne roja o de aves, acompañadas de té verde, sake o awamori, sin que falte de vez un cuando un postre, pero siempre de manera frugal, sin recargar el estómago y sin exageraciones.

Quien trabaja más, come más, y no solo porque se lo gana, sino porque lo necesita su cuerpo para seguir trabajando; y quien trabaja poco o de manera cómoda y relajada, come menos, porque su cuerpo no requiere de excesos culinarios.

El ikigai no dice que la alimentación es tan básica como necesaria, porque es el motor del organismo, y que hay que comer lo suficiente para que funcione sana y correctamente, ni mucho ni poco, lo necesario y satisfactorio, eso es la frugalidad que lleva a las personas a vivir un poco más de cien años en perfecto estado.

De todo un poco, suficiente y necesario

AUSTERIDAD

Para el ikigai ser austero es imprescindible, incluso si se tiene riqueza material, espiritual, mental o emocional.

No poseas más de lo que necesitas día a día.

No creas que posees aquello que te trasciende y dura más en este mundo que tu vida.

La mayor riqueza es el tiempo que transcurre para que vivas.

No acumules nada que no puedas llevarte a la otra existencia.

Sé austero incluso en lo que ahorres o prevengas para un posible mañana.

La austeridad aleja los miedos y las envidias.

No eres lo que posees, eres simplemente lo que eres.

SINCERIDAD

Eres dueño y esclavo de tus palabras y de tus silencios.

Mentir una vez obliga a mentir mil veces.

Sin sinceridad no hay honor.

Habla poco y escucha mucho.

Habla poco y con sinceridad.

Evita opinar o hablar de lo que no sabes, el silencio también puede ser sincero.

Di siempre lo que sientes y piensas, pero no lo crees o te parece.

Nunca solapes la falta de sinceridad ajena, pues te conviertes en cómplice de la mentira.

Piensa y reflexiona con tranquilidad antes de poner en juego tus palabras.

Puedes estar equivocado, y desde la equivocación aprender y rectificar, pero la mentira es una losa que te impide mejorar.

Sé claro y sincero sobre todo contigo mismo, para que puedas serlo con los demás.

Puedes engañarte y fingir, justificarte y darte inmunidad, incluso reírte y burlarte de los demás, pero siempre sabrás que no has sido sincero y carecerás de honor ante ti mismo.

LEALTAD

Sé siempre leal, pero nunca cómplice.

No confundas la lealtad con la sumisión.

No utilices la lealtad para medrar.

No utilices la lealtad de forma interesada.

No utilices la lealtad para obligar a quien dependa de ti.

No utilices la lealtad para sentirte poderoso.

No utilices la lealtad para agradar a los demás o para alimentar tu vanidad.

Sé leal en lo que realmente creas y compartas, en nada más.

La dependencia no es lealtad.

Hay lealtad personal y lealtad de grupo.

Hay lealtad de lucha y lealtad de causa, en ambos casos sé generoso en el triunfo y humilde en la derrota.

Lealtad de grupo

FIDELIDAD

La fidelidad y la lealtad se parecen, pero no son lo mismo en el ikigai.

La fidelidad es confianza y soporte mutuo.

La fidelidad es fe en uno mismo y en los demás.

Sé fiel a ti mismo y a tus convicciones.

Renueva tus votos de fidelidad día a día.

La infidelidad puede resultar tentadora y hasta atractiva y placentera, pero al final siempre es dañina y dolorosa.

La infidelidad no resuelve nada y trae nuevas cargas.

La infidelidad no solo engaña, sino que además rompe vidas y rompe almas.

Quien traiciona a los demás, se traiciona a sí mismo.

Aceptar a una persona infiel, es aceptar la inseguridad y la traición postrera.

Quien es infiel una vez, lo será para toda la vida.

Si no quieres algo o a alguien, dilo y déjalo, pero no seas infiel cobardemente, pues nunca terminarás de pagar su precio.

Vivir en la infidelidad es vivir entre las sombras.

La persona infiel es la más desconfiada y celosa, pues ha experimentado en su propia persona la indignidad de sus acciones.

Sé fiel a tus raíces, y sé fiel a tus ramas y a tus frutos.

La fidelidad ennoblece, la infidelidad envilece.

Sé fiel a ti mismo, para que puedas ser realmente fiel con tus seres queridos.

Ser fiel es, en una frase, cumplir con tus compromisos emocionales y no hacer daño ni traicionar a nadie.

La persona infiel nunca es feliz, porque sabe que la traición es su divisa.

PACIENCIA

Todo aquello que no puedes controlar, requiere de tu paciencia.

Sé paciente, pero nunca esperes más de la cuenta.

La impaciencia es fuente de muchos errores.

Si no tienes el don de la paciencia, nunca sabrás el dulce sabor de la recompensa.

Sé paciente para aprender, pero sé más paciente para enseñar.

La paciencia es un rico manjar que se cuece a fuego lento.

No hay buen pescador ni buen cazador sin paciencia.

Nunca te obsesiones mientras esperas.

La virtud de la paciencia

No des por bueno ni por malo el tiempo de espera.

Las falsas esperanzas y las falsas expectativas son necedad, no paciencia.

El sol sale a su hora, no cuando tú lo deseas.

Nunca juegues con la paciencia de los demás.

La paciencia con pensamientos obsesivos y pesimistas es tortura, no es paciencia.

CONSTANCIA

Nada bueno se logra en esta vida sin constancia, tenacidad e insistencia.

El silencio es bueno, pero hay ocasiones en las que se debe hablar y exigir con constancia e insistencia.

Se pierden muchos tesoros por dejar de cavar.

Naces con unos dones maravillosos, pero de nada sirven si no los cultivas día a día.

Descansa, pero no abandones.

La constancia es la madre de la disciplina.

No confundas la constancia con la simple o tediosa rutina.

Podrás picar en muchas flores, pero solo te dará miel la que sigas con constancia.

Dedica cada día, por lo menos una hora, a tus placeres, lo mismo que a tu trabajo y a tu familia.

Sé constante en tus afectos para que puedas crear y criar nuevas vidas.

Es más fácil dejar las cosas a medias que terminarlas, pero al final son cosas perdidas.

No hay recompensa sin lucha constante.

Una vez que has conseguido una meta, descansa y solázate con ella, pero una vez descansado ve en pos de una nueva meta.

Caer una y otra vez no es constancia, es necia insistencia.

No temas al cambio, teme a tu propia inconsistencia.

No importa las veces que caigas, importa las veces que te repongas.

La experiencia está en el viaje, no en la meta.

LIBERTAD

La libertad total es imposible, porque naces preso en las enseñanzas y doctrinas de tu infancia, pero puedes irte liberando de muchas cosas a medida que vas adquiriendo consciencia.

Puedes ser preso de unas tradiciones, creencias y costumbres, pero no te permitas ser esclavo de ellas.

La libertad da miedo.

La libertad también obliga.

La libertad muchas veces no es más que un señuelo.

La libertad abre puertas, pero no siempre sirve de consuelo.

A pesar de todos los pesares, eres libre de elegir y decidir, de expresar tu voluntad y de actuar, es por eso que no debes oír a quienes te recomienden prudencia y llenen tu alma de temores y de miedo.

El cambio bien razonado, también es libertad.

Si esperas que los demás sean tan libres como tú, entonces tampoco eres libre, sino esclavo de la aceptación de los que te sigan.

El ser libre no tiene amos ni maestros que lo orienten, pero tampoco tiene esclavos ni pupilos que lo sigan.

Casi nadie es libre, y mucho menos original, en este mundo, porque la mayoría de las veces casi todos y cada uno de nosotros no somos más que repeticiones.

No es que te hayan engañado siempre y que todo sea mentira en este mundo, lo que pasa es que te da pánico ser consciente y libre.

La terrible posibilidad de ser realmente libre

Ser libre también significa que no te inmiscuyes en la vida de los demás ni la juzgas, porque si sufres o crees dolidamente que te importa lo que pasa en el mundo y lo que hace la humanidad o las élites, eres reo de tu propia mente, de tus emociones y valoraciones, un esclavo más que critica en lugar de actuar y liberarse de morales y emociones inculcadas en el alma.

No se pueden romper las cadenas que no se reconocen como cadenas, sino como pensamiento, cultura o normalidad, es por eso que la claridad de tu ikigai personal puede darte una feliz libertad, y no un concepto que también te ata.

INDEPENDENCIA

Desde la perspectiva del ikigai de Okinawa, no se puede ser independiente ni autosuficiente sin ciertas condiciones y grados de libertad.

Okinawa lo sabe porque desde hace siglos que intenta liberarse de la presión estatal nipona, ya que cuenta con recursos, lenguas, geografía, tradiciones y cultura propias, y puede vivir, sobrevivir, crecer, desarrollarse y evolucionar sin estar bajo la sombra del manto japonés.

No es el único caso en el mundo, y muchas regiones preferirían caminar solas que acompañadas por estados que la han explotado, humillado y denostado, arrastrándolas a guerras cruentas innecesarias, y reprimiéndolas, en ocasiones a sangre y fuego, cuando han solicitado su independencia.

No es fácil lograr la independencia en ese sentido, y no son pocos los nuevos estados que han derramado sangre, sudor y lágrimas para lograrlo.

A nivel individual, y como lo recomienda el ikigai, tampoco es sencillo, pero es más factible que cada persona consciente logre su independencia personal de pensamiento, obra y acto, con los recursos que tiene a mano y con su esfuerzo personal, desde irse a un monte, pueblo, selva, o a una isla lejana, y ahí desarrollar su propia vida sencilla y apacible sin presiones estatales, sociales o ideológicas.

En algunas islas del archipiélago de Okinawa, es posible y se lleva a cabo todos los días, desde el nacimiento hasta la muerte, sin papeles ni pasaportes.

Por supuesto, las personas que están acostumbradas a la urbe y a la modernidad, y que por tanto dependen de un trabajo y cuentan con unas distracciones determinadas, no les es tan fácil independizarse del sistema en el que se encuentran inmersas, llámese como se llame el sistema, el país y la ciudad en donde viven.

Lejos de que los urbanitas abracen una vida sencilla y grata, el fenómeno ha sido a la inversa, es decir, millones de gente que vivía sin complicaciones y a sus anchas en los paraísos campesinos o subtropicales se han ido a las grandes urbes para encerrarse en un piso o pequeño departamento, que apenas pueden pagar, y se han entregado al sistema económico de dependencia, pues tienen que comprar todo lo que necesitan para la vida diaria, además de pagar impuestos para que sus gobernantes se enriquezcan y empoderen con la excusa de que administran los recursos por y para bien del pueblo, haciendo que la más mínima independencia de mente, cuerpo y alma sea imposible, y, por tanto, que su ikigai esté desequilibrado e incompleto.

¿Cómo ser independiente en el mundo urbano y moderno?

Todo un misterio, aunque siempre es posible encontrar propósito y sentido a la vida, si se tiene independencia de alma y pensamiento.

Por tanto, no dependas de nada ni de nadie, ni de tus jefes ni de tu familia ni de tu pareja, ni dejes que nadie dependa de ti, porque una cosa es el cariño y la ayuda mutua, y otra muy distinta la dependencia que obliga, pesa y no deja evolucionar ni al que depende ni al que sostiene la dependencia.

El amor no es dependencia mutua, sino libertad y respeto compartidos.

Por mucho que se necesiten o se ayuden unos a otros, cada uno tiene su propia vida y su muy particular propósito de existencia, su ikigai personal, que se puede complementar, pero no entregar ni ceder a nadie, y mucho menos a obligarle a una dependencia o codependencia.

JUSTICIA

La justicia es un concepto que pocas veces tiene que ver con las leyes de los hombres y las autoridades.

En un mundo lleno de codicia y falsos sueños de

riqueza, no es fácil ser justo, pues queremos tener más de lo que merecemos, y de paso que los demás tengan menos que nosotros.

Sé justo en lo que das y en lo que recibes, nos dice el ikigai, sin esperar milagros ni componendas que te den falsos privilegios.

Ayuda si te lo piden, y déjate ayudar si lo necesitas, eso es lo justo.

No juzgues a nada ni a nadie, por injusto que te parezca lo ajeno.

Tampoco hagas caso de los juicios que hagan sobre ti.

Mejor actúa con justicia sin buscar prestigio alguno por ello.

No especules, vende y compra a su justo precio, o intercambia en igualdad de medidas.

El comercio y la banca pueden ser un mal necesario, pero no son bien alguno cuando especulan con los precios.

Tanto en la Grecia Antigua como en Okinawa, el comercio intermediario, que no produce nada y solo compra barato y vende caro, era una actividad despreciable y tramposa, pues no requería de esfuerzo laboral alguno, y se lucraba con la necesidad, ignorancia o ingenuidad ajenas.

La justicia que señala el bien y el mal, el delito y la honradez, la moral y la indecencia, parece una buena cosa, pero al sancionar más al débil y al pobre, que al rico y al poderoso, y al no poner remedio a lo que empuja al crimen entre los menesterosos, o a los ansiosos de poder, se pervierte y se convierte en un arma de opresión y control que no es nada justa.

Recuerda que para el ikigai no existe el consuelo del karma o de la justicia divina, sino la consciencia de ser justo y actuar con justicia.

BONDAD

La bondad es un concepto esplendoroso, tanto, que hasta los más crueles y rudos criminales pretenden ser buenos o hacer lo correcto aunque estén robando y matando a la gente.

Hasta los villanos de novela, para agradar al público, tienen un fondo bueno, aunque en la realidad eso no sea cierto.

Ser bueno no significa ser dejado o ser tonto, pero mucha gente así lo cree y actúa en consecuencia abusando de la gente buena.

Nadie es bueno o malo del todo, pero la inmensa mayoría de la humanidad es buena y actúa con bondad casi todo el tiempo que dura su vida, pero por desgracia suele ser una bondad sumisa y a veces funcional e interesada, tanto, que unos cuantos dirigentes o líderes se aprovechan de ella.

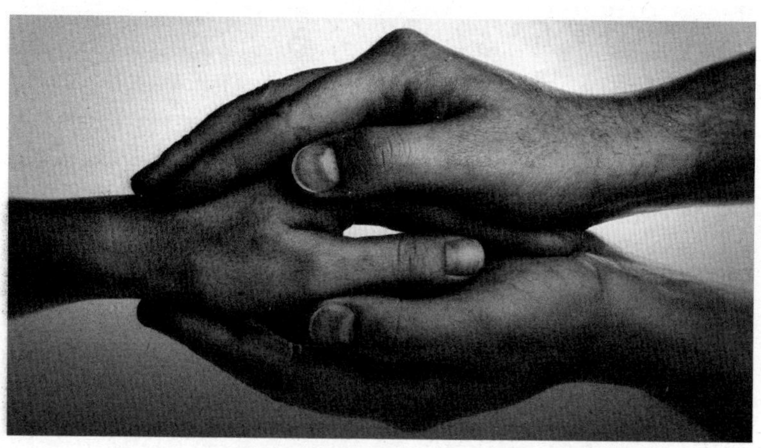

Dar y recibir bondad, clave del ikigai

La mayoría de la gente quiere hacer el bien, y que nadie les haga mal, por supuesto, creyendo que la bondad es una moneda de ida y vuelta, y lo ideal sería que así fuera, y que bondad con bondad se pagara, y que la gratitud por el bien recibido se devolviera con bondad.

El ikigai no llega a la premisa cristiana de devolver bien por mal, pero sí de mantener la propia bondad sin hacer mal a los demás.

El bien y el mal que haces a los demás es el bien y el mal que te haces a ti mismo, dice el ikigai, así que es mejor hacer el bien sin esperar nada más.

Y si no puedes hacer el bien y comportarte con bondad, lo mejor es que no hagas nada.

SENCILLEZ

En un mundo de falsas identidades y falaces prestigios, la sencillez no es una moneda corriente, a pesar de que puede darnos un feliz y agradable sentido de la existencia.

Tu ropa no eres tú.

Tus afiches tecnológicos caros y de marca no dicen nada bueno de ti ni mejoran tu aspecto o personalidad.

Tu coche no te da prestigio ni te hace buena persona.

Tu casa no te rebaja ni te ensalza, tampoco el país, la ciudad o el barrio donde vives.

Nada de lo que compres, gastes o mantengas, incluidas mascotas y parejas, te hacen mejor o peor persona; en todo caso te hacen víctima de envidias, robos y estafas, o de publicidades engañosas.

La fama y el dinero, lo lujoso y lo suntuoso, lo mismo que lo humilde y menesteroso, son pasajeros.

Ningún viaje te eleva, y ninguna estancia en un solo y único lugar geográfico te rebaja, entre muchas otras cosas y juegos de fracaso o vanidad, porque tú no eres nada de esas cosas.

Ni siquiera eres un nombre, porque eres simple y llanamente un ser humano, un conjunto de proteínas que habla y vive en forma de organismo complejo, y que pasado un tiempo muere. Nada más y nada menos, el resto es un anexo más o menos temporal, algo volátil y pasajero.

El ikigai tradicional lo sabe desde hace mucho tiempo: una vida sencilla te mantiene sano, feliz, sin preocupaciones innecesarias y, obviamente, longevo.

HUMILDAD

Tras la sencillez viene la humildad, el no tener necesidad de presumir, fanfarronear y manifestar tus complejos de inferioridad siendo grosero, violento o soberbio.

Sé humilde sin humillarte, nos dice el ikigai, porque puedes ser el más grande y quien llega más lejos sin envanecerte por ello.

El saludo como señal de respeto y humildad

Que te conozcan por lo que eres y por lo que haces, no por lo que pareces y ni siquiera por tu nombre o por tus posesiones, como sucede en los pequeños pueblos donde todo el mundo se conoce, se ayuda y se tiene afecto sin importar otra cosa que ser y estar en el mismo mundo y en el mismo terreno, y no como en la urbe en la que todos fingen y alardean, aunque no los conozca ni el vecino de la puerta contigua.

El simple saludo a la vida y a las personas, es una señal de respeto y humildad que se ha perdido en las sociedades modernas y entre generaciones, donde los jóvenes se abstienen de saludar a los mayores.

Nadie es menos y nadie es más a pesar de los créditos y los privilegios que suelen darse en lo social, y no hay nada por lo que competir para destacar el uno del otro, porque todo en este mundo es pasajero, y a menudo ese tipo de competencias solo favorece a terceros.

La humildad es el reconocimiento de los propios límites, a la vez que es lo contrario a la vanidad, la soberbia y el orgullo, o los complejos de clase, raza o superioridad.

La humildad es ajena a los prejuicios y a la inseguridad.

Ser sencillo y humilde, nos dice el ikigai, es fuente de juventud, salud y felicidad.

Belleza

La belleza va por barrios y culturas, lo mismo que la ética y la estética, e incluso la hermosura del erotismo.

Feo puede ser el comportamiento cuando es sucio, agresivo, maleducado y violento, pero no el aspecto físico, por mucho que Occidente se empeñe en colonizar la apariencia de todo el mundo.

Belleza en la tribu Bodi

La belleza interior existe, lo mismo que la belleza de la compañía y el afecto, o la belleza de los actos, que si bien no siempre son seductores sensuales, si son garantía de amor duradero, de seguridad y de cuidado propio y ajeno.

En la adolescencia, cuando las hormonas son las que mandan sobre el comportamiento, la belleza física queda de lado, porque lo que importa es el roce de los cuerpos, las feromonas y las ansias de la retribución sexual.

También sucede que las personas demasiado bellas, sea la cultura que sea, suelen dar miedo y provocar respeto y distancia más que deseo, pues ante ellas crece la inseguridad, la envidia y los celos.

Algo similar sucede con las personas demasiado santas, demasiado intelectuales, demasiado sabias o demasiado buenas, pues su belleza de alma o interior asusta, lo que empuja a la soledad.

Sin embargo, nos dice el ikigai, incluso la soledad puede ser bella, y si bien a muchas personas les parece una condena, a otras, que tienen bastante con su propia belleza interior, les puede parecer un paraíso.

No temas, por tanto, a ser una persona hermosa, tanto por fuera como por dentro, creando tu propia cultura de la estética y la belleza, y liberándote de las imposiciones de la época y del momento.

HIGIENE Y LIMPIEZA

Como en la mitología japonesa, la higiene corporal es indispensable para el ikigai, tanto o más que la higiene mental o anímica, pues en un cuerpo limpio no progresan los yokai (demonios antes, hoy bacterias y virus), pues a cada baño son arrojados a los más profundos infiernos.

El propósito existencial mejora si el cuerpo está limpio, pues da ese tipo de felicidad y seguridad física, anímica y mental, que alarga la vida.

SALUD

La clave no es estar sano eternamente, porque las dolencias orgánicas tarde o temprano aparecen, sino comportarse como enfermo, es decir, no atarse a la enfermedad y a sus posibles paliativos y remedios, sino seguir adelante, cuidándose y dejando que el cuerpo se cure solo, pues de él depende su estado.

La enfermedad no se niega, pues puede ser del todo real, pero la clave es no vivir como enfermo, sino como alguien sano en un estado alterado orgánico temporal, pues lo peor que puede pasar es la muerte, y la muerte es una liberación final de las miserias del cuerpo.

Comer bien, mantenerse limpio y hacer ejercicio suave todos y cada uno de los días de vida, garantizan una mejor calidad de vida, lo mismo que mantener a buen recaudo las emociones y los sentimientos, que pueden enfermar al cuerpo tanto como los virus y los accidentes.

Más de cien años de feliz y sana vida

El reiki, o imposición de manos, es una de las tantas terapias que acostumbran en Okinawa, lo mismo que el uso de hierbas medicinales, sin dejar de lado a la medicina oficial, alopática y moderna, si se da el caso y su intervención es necesaria, con la suerte de que, en Okinawa, punto azul de personas centenarias, la enfermedad no es frecuente.

La medicina alternativa de Cuba, por ejemplo, otra isla diferente y con muchos centenarios, son el son, el puro y el ron, porque es innegable que reír, cantar, bailar, beber y fumar entre amigos, es una terapia eficiente, tanto para la salud mental, como para el alma y el cuerpo.

Quien tiene un firme y agradable propósito existencial, es decir, un ikigai sano y equilibrado, está prácticamente libre de cáncer, enfermedades cardiacas, diabetes y enfermedades mentales y pulmonares.

Vale la pena y el gozo probarlo, pues vivir 50 años temiendo a las enfermedades, con ansiedad o aburrimiento, es un castigo, pero vivir más de 100 años feliz y contento, es una verdadera maravilla.

Acción

El ikigai abunda e insiste en la necesidad de actuar, de hacer algo, de mantener el alma, la mente y el cuerpo en actividad constante cada segundo de la vida.

Se puede pensar, sentir y decir, pero lo pensado, lo sentido y lo hablado carecen de realidad cuando no se actúa en consecuencia.

También se puede descansar, pero antes y después del descanso hay que ponerse de pie y hacer y actuar de manera material y consciente.

El cuerpo nunca descansa mientras está vivo, pues sus funciones orgánicas continúan incluso si estamos soñando o haciendo la siesta, meditando o sentados en contemplación, pues el corazón sigue bombeando sangre y los pulmones siguen respirando para limpiarla, mientras la mente y el cerebro siguen trabajando.

Todo el mundo y todo el universo se mantienen activos y en movimiento siempre.

El tiempo pasa y no se detiene por nada ni por nadie, y ese tiempo es lo único que tienes en esta vida, estés activo o inactivo, aunque, por supuesto, el tiempo se alarga, se estira y se disfruta más si estás activo.

Haz lo que te guste o lo que sientas, pero hazlo.

No dejes de perseguir tus sueños, mantente activo hasta alcanzarlos.

La actividad borra la apatía, el aburrimiento, la desidia, la negligencia y hasta al sufrimiento.

Voluntad

La vida es mágica en muchos sentidos, un don en sí misma y hasta un misterioso milagro donde prácticamente todo nos viene dado desde el nacimiento, desde el calor del sol, hasta el aroma de las flores y la capacidad de aprendizaje y entendimiento.

Magia pura acompañada de realidad cotidiana, en la que podemos nacer y morir casi sin hacer nada más que existir.

No es que esté en manos de los dioses ni que el grueso de nuestro destino esté marcado desde siempre y para siempre, aunque a veces así lo parece, porque a pesar de todo contamos con la voluntad de actuar, elegir y decidir en nuestra vida.

Si no hay voluntad por nuestra parte, no somos más que hojas otoñales arrastradas por la vida, expuestas a la intemperie para que nos olviden y nos pisoteen, pues carecemos de la menor importancia, y, en el mejor de los casos, no somos más que basura o abono que se pudre para fertilizar otras plantas.

Con fuerza de voluntad puedes transformar tu vida y darle el sentido que te apetezca cuando quieras y en el momento que sea, mientras que sin voluntad tus actos no serán tus actos, sino las órdenes ajenas que te obligan a repetir lo que les interesa aunque a ti no te guste ni quieras hacerlo.

Sin voluntad no hay acción verdadera ni vida

placentera, sino repetición eterna sin sentido propio, sujeto a la voluntad ajena.

No dejes que tu voluntad se quiebre por una dura tarea

Con voluntad, Sísifo, en lugar de ver caer una y otra vez la piedra que ha subido hasta la cima de la montaña, habría construido castillos y fortalezas con una vista estupenda; sin voluntad, siempre verá caer la piedra para comenzar de nuevo eternamente.

No dejes que tu voluntad se quiebre por tener que hacer una dura tarea; por el contrario, aprende de la experiencia y construye nuevos logros con ella.

Para el ikigai, el albedrío es, más que simple libertad que nos dan los dioses, la voluntad de hacer, elegir, decidir y construir nuestro propio sentido de la vida.

EMOCIONES

La verdad es que nadie puede controlar la reacción que suscitan en nosotros las emociones, como tampoco las podemos controlar a ellas del todo pues somos seres emocionales y sintientes más que razonables, racionales e inteligentes.

No las podemos controlar del todo, porque no podemos dejar de sentir.

Lo que sí podemos hacer, nos dice el ikigai, es ponerlas a remojar para no actuar inmediatamente al momento de sentirlas.

Hay cosas que indignan y que molestan.

Hay cosas que seducen y activan nuestros deseos.

Hay cosas que espantan y ofenden.

Hay cosas que lastiman y hieren.

Y hay cosas que dan una alegría inmensa y excitan mente, cuerpo y alma.

No nos podemos sustraer de ellas eternamente.

No podemos mantenernos siempre indiferentes a lo que nos motiva o a lo que nos desmotiva.

Pero sí podemos poner a remojar las sensaciones y no actuar precipitadamente.

Responder sin pensar y de forma reactiva, nos conduce inevitablemente al error, a comprar, querer, amar, aceptar o elegir exactamente aquello que no nos conviene y que puede convertirse en una carga o en un conflicto.

No es frialdad ni desprecio por los demás o por las emociones que comparten y sienten como maravillosas o escandalosas, sino simplemente poner a remojar esas sensaciones y actuar sin impulsividad o por quedar bien con la gente.

Piensa y razona unos segundos antes de reaccionar y actuar ante una emoción o sentimiento, cualquiera que este sea, y no tendrás que arrepentirte después.

Atiende a tus pasiones, a tus deseos y a tus sensaciones, pero de manera inteligente y consciente.

INTELIGENCIA

No es más inteligente el que tiene memoria para repetir los afiches de su cultura, los nombres de los supuestos genios y grandes hombres, o las fórmulas de algebra y las capitales de los países del mundo,

Tampoco es más inteligente la gente que opina y discute de todo sin tener la menor idea de lo que se está hablando, y muchas veces incluso teniéndola, pues cada persona es deudora de su formación, de su cultura y de sus prejuicios, y no suele ir más allá de sus límites mentales por amplios que estos sean.

La inteligencia, de hecho, no es más que una capacidad cognitiva de aprendizaje que tienen todos los seres vivos, a través de la información o de la experiencia, y en este sentido todos y cada uno de nosotros, desde el supuestamente más ignorante y sin estudios, hasta el que tiene un doctorado y varias carreras universitarias, somos exactamente igual de inteligentes, capaces de vivir y sobrevivir moviéndonos con éxito en esta vida.

De hecho, muchas de las cosas que se enseñan y se difunden sobre las poblaciones no sirven para incrementar la inteligencia, pues no dan información, ni formación ni experiencia, sino perogrulladas, publicidad, ideología, religión o falsa ciencia, capacidades para apretar botones, creer en mitos o admirar a gente que no se conoce pero que sale en televisión, canta, toca un instrumento o juega a un espectáculo que requiere habilidades físicas o deportivas, puro humo, aire o niebla momentánea que desaparece de la memoria en una semana cuando no se habla de ella, o que forma parte de tradiciones el ethos cultural de una región determinada, es decir, nada, y, sin embargo, se les da calidad de datos, información e inteligencia.

La inteligencia artificial, hecha por los humanos, comparte el mismo tipo de inteligencia vacía y sin la menor importancia para crear un propósito de la vida.

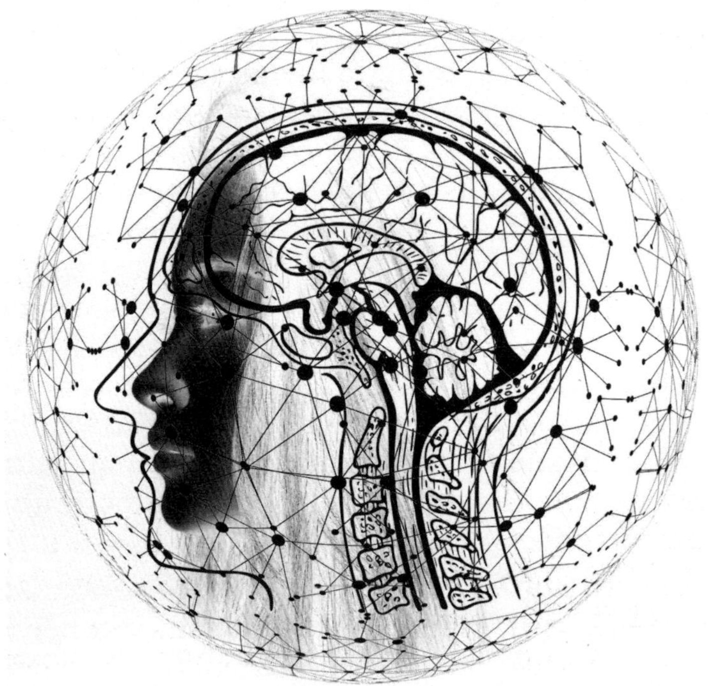

No hay cerebro que no sea inteligente

Según el ikigai, todos somos igual de inteligentes pues a nadie le faltan pasiones, vocación, misión y capacidad para sustentarse materialmente, por más pirámides, clases y prestigios que se inventen.

Todos tenemos un papel, un propósito y una capacidad de darle sentido a nuestra presencia en este planeta, y en realidad no hay sentidos vitales mejores o peores, más elevados o más bajos, porque en cualquier caso el sentido de la vida es de lo más sencillo y elemental: vivir de manera feliz y holgada; lo demás sobra.

Es hermoso aprender y estudiar, enseñar y compartir conocimientos prácticos o académicos, no cabe duda, pero eso no denosta a quienes viven o eligen otros caminos de conocimiento.

Aprende y conoce todo lo que puedas y quieras, pero no te envanezcas por ello, porque en realidad eso no te hace más inteligente, sino solo más dedicado a ese tipo de aprendizaje.

Tampoco te menosprecies por seguir otro tipo de conocimiento y no ser parte de los supuestos prestigios de las artes, las ciencias y la academia.

Según la psicología hay por lo menos cinco tipos de inteligencia, y según la docencia hay por lo menos ocho formas de aprendizaje.

Para el ikigai, saber que tienes un propósito en este mundo y que tu vida tiene sentido es la mejor de las inteligencias, es decir, que la verdadera inteligencia radica en disfrutar de tus sueños y pasiones, desarrollar tus dones y talentos para hacer muy bien tus tareas, cuidar de tu entorno y ayudar a los demás sin esperar recompensa, y tener un modo productivo de vida que cubra tus necesidades materiales. Esa es la verdadera inteligencia.

AMOR

Como en muchas escuelas filosóficas del mundo, el afecto, el cariño, el respeto, el cuidado mutuo, la compañía vital y el sentimiento de bondad y de belleza hacia todas y cada una de las manifestaciones de la vida, del mundo y del universo, es el amor universal y verdadero.

Cultiva este amor y tendrás abiertas las puertas de la felicidad y de la vida plena cada segundo de tu existencia.

Aceptación

Aceptar no es claudicar ni dejar de cambiar, día a día, el mundo en que nos encontramos con todos sus defectos y virtudes.

Pero sí hay que ser conscientes de que el mundo es como es, y que así lo encontramos el día de nuestro nacimiento, y que posiblemente así seguirá siendo el día de nuestra partida a nuevas experiencias existenciales.

Si quieres mejorar o cambiar algo, nos dice el ikigai, empieza por ti mismo, pues esa es la única forma de incidir en los demás para llevar una vida más plena, feliz y satisfactoria.

Predica con el ejemplo más que con las palabras, nos dice el ikigai:

- No te quejes.
- No juzgues.
- No señales.
- No obligues.
- No desprecies.
- No critiques, sobre todo si no propones nada mejor ni nada nuevo.
- No niegues la realidad.
- No te encierres en un huevo de soberbia y vanidad.
- No destruyas.
- No engañes.

- No manipules.
- No adoctrines.
- No te muevas por intereses ni te fundamentes en ideas ajenas.
- No pretendas.
- No te burles.
- No busques fama y fortuna.
- No te vendas.
- No sigas a ningún líder, ni humano ni supuestamente divino.
- Mantente firme y constante.
- Sé congruente.
- Acepta, siente, piensa, habla, actúa y vive.

De esta manera, podrás crear un nuevo y mejor mundo en ti, en tu hogar, en tu familia, en tu barrio y hasta en tu comunidad, sin complejos mesiánicos ni de guía ni de salvador, esperando solo que el ejemplo de tu actitud ante la vida llegue a ser compartido por alguien más que te haya aceptado de la misma manera que tú has aceptado tu propio sentido existencial de la vida.

PERDÓN Y AGRADECIMIENTO

Nada hay que perdonar, nos dice el ikigai, los errores que se hayan cometido se arreglan, o, si no se pueden arreglar, se asumen, pero sin dejar que se conviertan en carga emocional o en culpa.

Perdónate a ti mismo antes que a nadie ni a nada.

Perdona a los demás, pero sin arrogarte grandeza ni vanidad por hacerlo.

Pide perdón si tienes la ocasión de hacerlo, de manera humilde y dando las gracias.

El pasado, a pesar de sus consecuencias en la vida diaria, no existe y nada se puede hacer para cambiarlo.

Hasta las más terribles guerras se olvidan, igual que los triunfos y las deudas.

Todo se queda aquí, tanto en la Tierra como en un momento del ahora.

Lo hecho, hecho está.

El futuro tampoco existe, así que no pretendas ni prometas hacerlo mejor mañana, y lo que tengas que hacer, hazlo hoy.

Solo el hoy existe, en él están el presente, el pasado y el futuro, no hay más.

Pedir perdón o darlo, no basta, por eso siempre y cada día de la existencia hay que dar las gracias:

- Gracias por ser y estar.
- Gracias por el tiempo de esta presencia.
- Gracias por los sueños y los deseos.

Gracias por el sentido vital de la existencia

- Gracias por las pasiones, las venturas, las aventuras, las experiencias y hasta por las esperanzas.

- Gracias por los dones y talentos recibidos.
- Gracias por haber podido ayudar, curar, colaborar o amar, y gracias por haber sido de utilidad en ciertas circunstancias.
- Gracias por las oportunidades.
- Gracias por los triunfos y gracias por los tropiezos y los fracasos.
- Gracias por lo aprendido y por lo enseñado.
- Gracias por los privilegios y gracias por las luchas y por los obstáculos.
- Gracias infinitas por ser quien soy, y gracias por cada paso, sentimiento, visión y sensación ante este mundo casi perfecto.
- Gracias por las dudas y por las certezas.
- Gracias por tantos momentos y motivos de alegría, y gracias por los escasos instantes de llanto y de pena.
- Gracias por los que se han ido.
- Gracias por los que quedan.
- Gracias por la grata soledad.
- Gracias por la grata compañía.
- Gracias por cada etapa de mi vida y por cada momento.
- Gracias por lo que soy en este instante.
- Gracias por este ciclo vital, por este tiempo.
- Gracias por haberle dado un sentido pleno y gozoso a mi existencia.
- Gracias, finalmente, por cada sorbo de agua o de vino, por la noche estrellada, por la lluvia y por el techo, por el afecto recibido y porque alguien ha perdonado mis excesos y mis defectos, o mis pocas virtudes, si es que alguna tengo.

Gracias, gracias, gracias.

Estas son las claves de la felicidad del ikigai, aunque quizá no son todas, porque cada persona puede tener otras, aquellas que le den sentido a su vida de una forma plena, feliz y satisfecha.

X
Las inspiradoras y sabias frases del ikigai

No pretendas engañarte,
pues no hacen falta moral
ni dioses
para saber el sentido vital
de tus acciones.
Taro Tamura

En realidad, las frases que se conocen del ikigai, y que han llegado a Occidente, carecen de un hombre sabio de referencia, o de una mujer iluminada que haya llegado de forma textual hasta nuestros días.

Los ancianos de Okinawa tienen sus propios dichos, muchos de ellos muy antiguos y tradicionales, sabiduría popular, pero sin un autor determinado.

Shiro, mi amigo cocinero que pudo haber sido poeta, arquitecto o ingeniero, me dice que no hay autores porque el mismo ikigai es enemigo de la fama, además de que la escritura japonesa es muy reciente, y tampoco recoge muchas de las tradiciones en su afán por modernizarse y competir con Occidente.

"Ni siquiera los edificios trascienden, pues se destruyen en ceremonias para ser construidos nuevamente", diría el profesor Jesús de Miguel.

Las tradiciones y las fiestas niponas sobreviven, pero muchas veces con nuevos tintes sincréticos o adoptando costumbres y tradiciones de Europa o EE. UU., como la Navidad, cuando muchos de ellos desconocen del todo que se celebra por el nacimiento de Cristo, pero Papá Noel trae muchos regalos y las calles se llenan de luces en diciembre.

Tomar a Murakami por sus frases sensibles no refleja tradición alguna, y mucho menos del ikigai tradicional, sino el pensamiento rosa de Occidente disfrazado de sensibilidad japonesa.

Por tanto, las sabias frases del ikigai, nacido en Okinawa sobre el siglo VIII de nuestra era, es más un ejercicio de interpretación por autores occidentales, que las frases de un monje, como Lao Tse, o de un señor shogun o de un samuray refinado e inteligente, que los hubo.

Por supuesto, unas son más originales que otras, y algunas se parecen demasiado a las frases célebres de filósofos estoicos, cínicos o platónicos, que jamás estuvieron en Oriente ni tenían la más lejana idea sobre la sencilla esencia del ikigai, aunque sí comparten, en algunas frases, el sentido de amor, belleza, justicia, paz o libertad, es decir, aspectos inherentes a la humanidad que sueña o desea vivir una vida plena más allá de los lujos, la violencia, las posesiones o los poderes.

- Si no lo sabes, no opines; si no te nace, no lo pruebes; si no lo ves correcto y razonable, no lo hagas; y si no te da para comer, dedícate a otra cosa.
- Si culpas a los demás, te espera un duro y largo camino.
- Si te culpas a ti mismo, estás a la mitad del camino.
- Si no culpas a nadie, el camino ya se ha recorrido.
- No hay más tiempo que este mismo instante, aprovéchalo.
- No importa lo que haya más allá, lo que importa es lo que hay ahora.
- La vida es un paseo por este mundo.

- El único espejo que de verdad refleja tu ser es tu ikigai interno.
- La vida es una competencia en la que al final todos llegan a la misma meta.
- La verdadera felicidad radica en la sencillez de la existencia.
- Lo que no cimientes hoy, no lo construirás mañana.
- Haz y actúa ahora, nunca prometas.
- Lo único que realmente puedes poseer es la luz del día y un plato en la mesa.
- Lo que no hagas ahora mismo, no lo harás jamás aunque así lo creas.
- Ama intensamente con el corazón, pero forma familia con la cabeza.
- Haz lo que sabes hacer y no estorbes a los demás en sus tareas.
- La irreflexión y la inmediatez son fuente de errores y problemas.
- Sé amo de tus palabras y de tus silencios.
- No salves a quien no quiere ser salvado.
- Si no quieres depender de nada ni de nadie, no pidas.
- Quien te engaña una vez, te engañará para siempre.
- La vida puede ser larga y esplendorosa, pero en el momento de la muerte siempre es demasiado corta.
- Camina sin prisa, pero camina.
- Lo que ves mal en los demás es una señal para que no hagas lo mismo.
- No hay más destino que nacer y morir, el resto solo es un camino.
- Deja de buscar fuera lo que está dentro de ti.

- Aprende con humildad y enseña sin soberbia.
- La única y gran ignorancia es no saber que la vida en sí misma tiene sentido.
- No hay mayor libertad que liberarse de uno mismo.
- Duda de todo, incluso de ti mismo.
- El vacío está para llenarse, y lo lleno está para vaciarse.
- No pierdas pensando en el más allá, vive intensa y gozosamente aquí y ahora.
- El perdón más grande está en el total olvido.
- La ciencia es maravillosa, pero en tu vida, entre lo complejo y lo sencillo, elige siempre lo sencillo.
- Si alguien te defrauda, es porque en cierta manera tú lo has permitido.
- No muerdas anzuelos que te dan comida gratis, busca el alimento por ti mismo.
- Engañar a los demás solo abre las puertas a tu propia mezquindad.
- La franca humildad recorre solo una vez el camino.
- De este mundo nada es tuyo, ni siquiera el cuerpo que habitas.
- Solo tú, en tu ikigai interior, puedes protegerte de los males de este mundo.
- Si todos hemos de morir, matar nunca acorta el camino.
- Lo que no te satisface, así sea oro y poder, deséchalo sin temor, pues no tiene ningún sentido.
- No hagas el bien por interés ni te regocijes de ello.
- La vida nos enseña que los que no hacen

el bien pueden lograr grandes triunfos materiales, así que no esperes ingenuamente que les vaya mal para sentirte aliviado.

- No por hacer el mal te va mal, ni por hacer el bien te va bien, así que simplemente haz lo correcto.
- Todo lo que crees y todo lo que sabes bien podría no ser cierto. Piensa en ello.
- Arregla, mejora y cambia lo que esté en tus manos, y acepta que hay muchas cosas que están fuera de ellas.
- Aprende de todos, pero no sigas a nadie.
- El mejor maestro es tu ser interno.
- El sacrificio puede parecer noble, pero la mayoría de las veces es innecesario.
- Si sabes pescar, pesca; si sabes cazar, caza.
- Gana tu propio alimento, y así no le deberás nada a nadie.
- Hay deudas que nunca acaban de pagarse, procura no contraerlas.
- Quien te ofrece mucho por poco, tarde o temprano te dejará sin nada.
- Nadie tiene la vida asegurada ni sabe lo que va a pasar mañana. Vive hoy.
- No dejes ni recibas herencia, cada quien debe construir su propia hacienda.
- Quien quiere vivir, vive; y quien quiere morir, muere. Respeta.
- La vida longeva, sana, alegre y satisfecha es sencilla, no la compliques con creencias, distracciones, conceptos y posesiones.
- Pasión, vocación, misión y dedicación laboral a cambio de una recompensa que

cubra tus necesidades materiales y orgánicas en esta Tierra. Nada más.
- La propia vida es la única frase que en realidad enseña. El resto son creencias, lugares comunes y palabras huecas.

Esta última frase es del centenario padre de Taro Tamura, que vive intensamente la vida, pues come, fuma, bebe y ama todos los días, lo mismo que siembra, cosecha, recolecta y pesca, con una fuerza y elasticidad que da envidia.

Su fuente de salud y de energía es su propio ikigai, el sentido vital y existencial de una vida amable, frugal, plena y sencilla.

Epílogo
Las cosas del alma ikigai

Todo llega hasta nosotros
a través de la palabra dicha
que se convierte en escritura,
pero no es más cierta
porque esté en tinta,
ni más incierta
porque esté olvidada
o escondida.
Shiro

En el ikigai no hay un karma que castigue o compense las malas acciones, pues a toda acción, como dijo Newton, corresponde una reacción inversa y con la misma intensidad.

Tampoco hay un sistema de premios y castigos por los actos realizados por parte de las autoridades pertinentes o impertinentes.

Kanji del alma elevada

Hay un kanji, o alma elevada que no es humana precisamente, pero que no intercede en el comportamiento de la humanidad, aunque esté presente.

Y mucho menos unos pecados que lavar gracias a la fe, los milagros y la intervención de los dioses. No hay cielo que compartir con Amaterasu, ni infierno que sufrir con Izanami por lo que se ha hecho en y con la vida.

El verdadero juez de nuestras acciones es el sentido del honor, es decir, que cada persona valora sus acciones y actúa en consecuencia, porque nadie puede engañarse a sí mismo por más que se jacte de malvado o mienta y defraude a los demás.

Las frases del ikigai del capítulo anterior, como el ikigai mismo, son sencillas porque se basan en el sentido vital y existencial de la sencillez de la vida misma, esa que tan a menudo insistimos en complicar buscando sentidos mágicos o salvadores, cuando el sentido de la vida es vivir.

¿Y DESPUÉS DE LA VIDA, QUÉ NOS ESPERA?

No lo sabemos con certeza, dice Taro Tamura, pero sí sabemos que el alma *tamashii* (fantasma o alma terrestre) regresa como *kotodama* (palabra del alma) de los que se han ido, y lo hace cada año para reunirse con sus familiares y sus seres queridos, como un halo de existencia que queda de ellos en este mundo.

Hay muchos más nombres para decir alma en japonés, como *kokoro*, que es el corazón o el alma de la mente y las emociones, o *kanji*, el alma elevada, a la que algunos llaman "el alma divina", la cual será, tal vez, la que nos espere del otro lado de la existencia.

Pero solo lo sabremos, nos dice el ikigai, cuando

llleguemos a ese punto que es inevitable para todos y cada uno de nosotros, sin olvidar que algo se va, pero que también algo queda.

Tamashii, *el alma terrestre*

Para el ikigai, sencillo y práctico como es, el alma es parte del ser, y el ser es responsable de sus actos y de sus palabras, por lo que no importa cuántos dioses y almas haya o existan; lo que importa, aquí y ahora, es tener un sentido existencial y vital que abra las puertas de una vida plena, longeva y satisfecha, donde cada uno de nosotros elige, decide y asume, porque el ser ya fue, es y será siempre; y esta vida, la presente, solo es un paseo para unos, y una experiencia para otros, que hay que llevar de la mejor manera.

Índice